Yvonne Wagner

Bildungs- und Lerngeschichten schreiben leicht gemacht

- Schritt-für-Schritt-Anleitungen
- Beispielvorlagen
- Formulierungshilfen und Kreativübungen

Textwerkstatt für Erzieherinnen

Verlag an der Ruhr

Impressum

Titel

Textwerkstatt für Erzieherinnen
Bildungs- und Lerngeschichten schreiben leicht gemacht
Schritt-für-Schritt-Anleitungen, Beispielvorlagen, Formulierungshilfen und Kreativübungen

Autorin
Yvonne Wagner

Titelbildmotiv
Anja Doehring; © Kenishirotie, shutterstock.com

Fotos im Innenteil
Yvonne Wagner (soweit nicht anders angegeben)

Illustrationen im Innenteil
Natascha Welz

Lektorat
Nicola Steinmeyer

Umschlaggestaltung
Magdalene Krumbeck

Innengestaltung
Margit Dittes

Druck
AZ Druck und Datentechnik GmbH, Kempten, DE

Verlag an der Ruhr
Mülheim an der Ruhr
www.verlagruhr.de

ISBN 978-3-8346-2414-7

Inhalt

Einleitung –

1. Lerngeschichten kann doch jeder schreiben, oder?

Schreibarbeiten werden in der sozialpädagogischen Praxis immer zahlreicher. Doch selten haben Erzieherinnen Gelegenheit, ihre Schreibfertigkeiten zu trainieren und zu verfeinern. In der Ausbildung ist das Thema *„Dokumentationen"* zwar inzwischen etabliert, doch geht es dabei vor allem um Inhalte, nicht um das eigentliche Dokumentieren bzw. Formulieren. Zeit, um dies zu lernen und zu üben, bleibt kaum.

So entwickelt sich für viele Erzieherinnen die Schreibarbeit zu einer großen Herausforderung, denn: Was schwierig ist, ist mühsam, braucht viel Zeit und macht natürlich auch keinen Spaß. Dieses Buch möchte Ihnen zeigen, dass das Schreiben von Lerngeschichten durchaus Freude machen kann und gar nicht so schwer ist.

Lassen Sie sich von Grammatik und Satzbau keine Angst einjagen. Sie müssen sich nicht in ein Germanistikstudium stürzen, um gute Lerngeschichten zu schreiben. Ein paar Grundlagen reichen aus, damit Sie sich sicherer fühlen. Übungen können Ihnen dabei helfen, sich zu lockern und die Aufgabe des Schreibens nicht mehr als große Hürde, sondern als Selbstverständlichkeit anzusehen, die Freude macht. Der eigene Stil darf dabei einfließen wie eine eigene Handschrift.

Beim Schreibenüben lernen Sie Ihre eigene Art, zu formulieren, kennen. Wenn Sie genau hinsehen und hinhören, merken Sie, wie Sie mit Ihren geschriebenen Worten *„sprechen"* können. Je mehr Sie dieser *„Stimme"* zuhören und daran feilen, desto besser werden Ihre Texte.

Das Dokumentieren der Lernentwicklungen der Kinder ist auch für Sie als sozialpädagogische Fachkraft eine große Bereicherung. Durch das intensive Beobachten verschiedenster Situationen kommen Sie den Kindern sehr nahe. Das Formulieren von Lerngeschichten und Kommentaren lässt Sie diese Beobachtungen nochmals reflektieren und die Nähe intensivieren. Dabei lernen Sie die Kinder mehr und mehr als eigenständige Personen kennen und schätzen. So wächst Ihre positive Haltung zum Kind als selbstlernendem Wesen mit eigenem Charakter und Temperament.

Zum Umgang mit diesem Buch

„Singen kann doch jeder“, heißt es. Doch den richtigen Ton zu treffen, ist gar nicht so einfach. Genauso verhält es sich mit dem Schreiben. Sie können sicher lesbare Sätze formulieren. Während Ihrer Ausbildung zur Erzieherin, Kinderpflegerin oder sozialpädagogischen Assistentin haben Sie gelernt, Berichte zu schreiben und Angebote auszuarbeiten. Aber hat Ihnen immer gefallen, was Sie geschrieben haben? Waren die Benotungen so, wie Sie es erhofft hatten? Und vor allem: Hat Ihnen das Schreiben Spaß gemacht?

Dieses Buch soll Ihnen dabei helfen, Sicherheit und Spaß beim Schreiben zu finden. Es ist in **vier große Teile** gegliedert:

In **Kapitel 2** vermittle ich Ihnen zunächst ein paar Grundlagen des Schreibens. Dabei sollen zahlreiche Tipps und Schreibspiele Sie mit Vergnügen an das Schreiben heranführen und Ihnen die Scheu davor nehmen, ihre *„eigene Stimme“* zu hören, in der Sie sich unverwechselbar wiederfinden können.

Trauen Sie sich schließlich ans Schreiben heran, hilft Ihnen das Buch in **Kapitel 3** und **4,** zu verstehen, was Lerngeschichten sind, worauf sie begründen und wann es sinnvoll ist, sie anzuwenden.

In **Kapitel 5** erfahren Sie dann etwas über das Schreiben von Kommentaren zu Bildserien für das Portfolio eines Kindes.

Wagen Sie sich Schritt für Schritt an das Schreiben von Lerngeschichten heran, indem Sie mit den ersten Beobachtungen beginnen, die Sie nach den Regeln der Lerngeschichten auswerten. Trauen Sie sich und geben Sie nicht auf! Nach ein paar selbst geschriebenen Lerngeschichten haben Sie es raus und Sie werden Freude daran haben. Spätestens wenn Sie dem ersten Kind seinen persönlichen Brief vorgelesen haben, werden Sie wissen, wie wertvoll dieses Instrument ist. Seien Sie stolz darauf, was Sie mit Ihren eigenen Formulierungen geschafft haben!

Bei Fragen, Kritik oder Interesse an einer Fortbildung zum Thema „Lerngeschichten schreiben“ nehmen Sie gerne Kontakt mit mir auf: www.y-wagner.de

Ich wünsche Ihnen nun frohes Lesen und Schreiben sowie gutes Gelingen!

Ihre Yvonne Wagner

Welche Grundlagen brauche ich? –

2. Sprache und Stil

Sprache dient der Kontaktaufnahme und der Verständigung. Formulierungen können aber auch missverstanden werden. In einem Gespräch lassen sich Missverständnisse aufdecken und aufklären. Die Reaktion des Gesprächspartners zeigt dem Sprecher, dass es nötig ist, eine andere Formulierung zu suchen, um sich verständlich zu machen. Beim Schreiben fehlt Ihnen die unmittelbare Reaktion des Lesers. So zu schreiben, dass der Leser wirklich versteht, was Sie gemeint haben, ist deshalb nicht immer ganz leicht. Wie finden Sie also die richtigen Worte?

Standardsprache und Umgangssprache –

Warum sollte ich in Standardsprache schreiben?

Die Sprache, die wir im Alltag gebrauchen, ist oft ganz anders als die Sprache, die uns in Büchern und Zeitungen begegnet. Wir sprechen mit einer gewissen Lockerheit, benutzen viele kleine Wörter und Konstruktionen, die typisch für unseren Dialekt oder für unsere Person sind, wenn wir zum Beispiel eine gewisse Vorliebe für bestimmte Slang-Wörter haben. Nicht jeder versteht diese aber gleichermaßen. Ähnlich ist es mit Fach- und Fremdwörtern, die wir im Arbeitsalltag benutzen.

Beim Schreiben sollten Sie deshalb möglichst Standardsprache verwenden. Verzichten Sie auf umgangssprachliche Eigenheiten und Wörter und auf Konstruktionen, die für Ihren Dialekt typisch sind, die aber vielleicht nicht jeder versteht. Verzichten Sie ebenfalls auf zu viele Fach- und Fremdwörter, weil Sie davon ausgehen müssen, dass diese nicht bekannt sind.

Schreiben Sie so, dass Sie verstanden werden können, auch von jemandem, der vielleicht nicht aus Ihrer Region stammt und einen völlig anderen Werdegang hat als Sie. So lassen Sie möglichst wenig Raum für Missverständnisse. Schließlich möchten Sie verstanden werden.

Wenn Sie für Kinder schreiben, achten Sie außerdem darauf, sich klar und einfach auszudrücken. Schneiden Sie Ihre Sprache auf die Kinder zu, sodass auch die Jüngsten Sie verstehen. Benutzen Sie einfache Satzkonstruktionen aus der Standardsprache.

So geben Sie den Kindern Orientierung. Sie lernen, bestimmte Begriffe eindeutig einzuordnen, und merken sich eine klare Sprache.

Auf einen Blick

- Benutzen Sie Standardsprache (Hochdeutsch).
- Verzichten Sie auf Formulierungen, die nicht allgemein verständlich sind (Dialekt, Slang, Fachsprache).

Dennoch schadet es nicht, wenn beim Vorlesen die regional gefärbte Aussprache des eigenen Dialekts mit einfließt. Die Wörter und Formulierungen sind dennoch allgemein verständlich.

Komma, Punkt und Ausrufezeichen –

Wie strukturiere ich meinen Text?

Satzzeichen sind wie Pausenzeichen in der Notenschrift einer Komposition. Ohne sie würden wir beim Lesen einen Brei aus Wörtern hören, ohne uns auf die Bedeutung der Sätze konzentrieren zu können.

Verwenden Sie Satzzeichen, aber übertreiben Sie es nicht. Setzen Sie einen Punkt, wenn Sie einen Satz beenden.

Probieren Sie es aus!

Nehmen Sie einen einfachen Bilderbuchtext und versuchen Sie, beim lauten Lesen die Satzzeichen zu ignorieren. Versuchen Sie es ein paarmal, denn das ist gar nicht so leicht. Merken Sie es? Erst geht die typische Sprachmelodie verloren, dann der Sinnzusammenhang.

Diese Übung ist einfacher, wenn Sie einen Text aus dem Internet nehmen und die Satzzeichen herauslöschen. Beim lauten Lesen wird sich Ihnen der Sinnzusammenhang nur schwer erschließen, da dem Text Struktur fehlt.

Erweitern Sie die Übung, indem Sie an willkürliche Stellen im Text Satzzeichen setzen. Lesen Sie vor. Was passiert?

Mit Ausrufezeichen sparen

Auch wenn Sie Ihren Satz als wichtig empfinden, sparen Sie bitte mit Ausrufezeichen. Nutzen Sie diese nur, wenn Sie Ihrer Aussage noch einmal besonderen Nachdruck verleihen möchten (vgl. Duden, § 69). Zu viele Ausrufezeichen im Text sind verwirrend und führen dazu, dass der Leser sich angeschrien fühlt.

Bei diesem Beispiel können alle Ausrufezeichen komplett in Punkte umgewandelt werden. Das Ausrufezeichen hinter der Anrede ließe sich durch ein Komma ersetzen.

Notwendig sind Ausrufezeichen bei Ausrufen und Warnungen:

Hurra! Vorsicht! Pass auf!

© Val Thoermer – stock.adobe.com

BEISPIEL

Jana! Du hast heute zum ersten Mal alleine mit dem Löffel gegessen! Du hast ihn mit der rechten Hand gegriffen und festgehalten! Vorsichtig hast du den Löffel in den Joghurt getaucht und etwas Joghurt aufgenommen! Als du den Löffel zum Mund geführt hast, ist überhaupt nichts danebengegangen, denn du warst sehr vorsichtig und konzentriert!

Mit Kommas Sätze strukturieren

Wie Sie bei der Übung gemerkt haben, spielen Kommas bei der Strukturierung von Sätzen eine wichtige Rolle. Deshalb finden Sie hier einen kurzen Überblick über die wichtigsten Kommaregeln. Eine ausführliche Übersicht über die Satzzeichen und ihre Verwendung finden Sie im Duden.

Bei **Aufzählungen** setzen Sie das Komma zwischen gleichrangige Wörter, also Wörter, die einen anderen Begriff gleichermaßen beschreiben.
Der Ball ist rund, blau und klein.

Bei dem folgenden Beispiel handelt es sich nicht um eine Aufzählung, denn „*klein*" unterscheidet den Ball von anderen blauen Bällen. In diesem Fall setzen Sie kein Komma.
Der kleine blaue Ball ist rund.

Nachgestellte Zusätze (Appositionen) sind im Prinzip kurze Erläuterungen des Gesagten. Sie werden durch ein Komma abgegrenzt.
Hier liegt Fips, mein Kater.
Die sieben Zwerge, sie waren Bergleute, lebten hinter den sieben Bergen.

Mit **Zeit-, Orts- und Literaturangaben** verhält es sich wie mit Aufzählungen. Hier nennen Sie einige Angaben nacheinander und grenzen sie durch Kommas voneinander ab, damit man Sie versteht.
Der erste Kindergartentag ist am Montag, den 1. September, um 8 Uhr.
Die Geschichte finden Sie auch im Märchenbuch, S. 34.
Der Kindergarten befindet sich in Mückebühl, Friedensstraße 2.

Kein Komma setzen Sie in folgendem Beispiel:
Der Kindergarten befindet sich in Mückebühl in der Friedensstraße 2.

Zählen Sie etwas auf und verwenden dabei **Bindewörter (Konjunktionen)**, setzen Sie kein Komma.
Der Ball ist blau und rund und klein.
Morgen regnet oder schneit es.
Die Kinder sowie die Eltern kommen gerne.
Es kamen mehr Eltern als erwartet.

Das folgende Beispiel erfordert ein Komma, da der zweite Teil ein **nachgestellter Satz** ist, der vom ersten Teil abhängig ist.
Es kamen mehr Eltern, als wir erwartet hatten.

Im folgenden Satz stellt die Konjunktion „*aber*" einen Gegensatz her. In diesem Fall setzen Sie ein Komma.
Die Kinder toben wild, aber vorsichtig.

Sie können ein Komma bzw. Kommas setzen, um einen Satz mit einem **Infinitiv mit „zu"** zu strukturieren und so Missverständnissen vorzubeugen.
Sie versuchte, alleine aufzustehen.

Richtig ist aber auch:
Sie versuchte alleine aufzustehen.

Wird der Infinitiv durch ein Wort wie „*um*" oder „*ohne*" eingeleitet oder ist er von einem Substantiv (Hauptwort/Nomen) abhängig, setzen Sie ein Komma.
Meine Bitte, in den Zoo zu gehen, wurde überhört.
Er stand auf, um ihr zu helfen.

Gut zu wissen

In Texten, die sich an jüngere Kinder richten, verzichten Sie besser auf Infinitivkonstruktionen.

Auf einen Blick

- Nutzen Sie Satzzeichen, um Inhalte zu strukturieren und das Vorlesen zu erleichtern.
- Setzen Sie am Ende eines Satzes einen Punkt.
- Gehen Sie mit Ausrufezeichen sparsam um.
- Lesen Sie sich Ihren Text selbst laut vor. So bekommen Sie ein besseres Gefühl dafür, ob die Satzzeichen am richtigen Platz sind.
- Wenn Sie sich nicht sicher sind, sehen Sie im Duden nach.

Tipps für stilvolles Schreiben –

Wie schreibe ich ansprechend und verständlich?

Was bedeutet eigentlich *„Stil"* in Bezug auf das Schreiben? Aus der Mode kennen wir den Begriff. Hier wissen wir: Wer Stil hat, trägt Kleider, die zu ihm und zueinander passen. Ein Mensch mit Stil drückt sich mit seiner Kleidung aus. Der persönliche Schreibstil ist unverwechselbar wie die eigene Handschrift. Auch wenn Sie es nicht vermuten, Sie haben diesen eigenen Stil bereits. Ihre persönliche Note ergibt sich aus Ihrer Art, Sätze zu bilden, Wörter zu verwenden und damit einen eigenen Sprachklang zu erzeugen.

Probieren Sie es aus!

Setzen Sie sich im Team zusammen. Jeder schreibt einen kleinen Text zu einem festgelegten Thema. Nur ein paar Wörter bzw. Stichpunkte sind vorgegeben. Mischen Sie die Texte im Anschluss und lesen Sie sie laut vor. Wenn sich das Team schon eine Weile kennt, erraten die Schreiber sich häufig gegenseitig am Schreibstil. Themen und Stichwörter, die sich dafür eignen, finden Sie unter ***Übung 1*** *auf der* ***Kopiervorlage*** *auf S. 25.*

Ihren eigenen Schreibstil haben Sie also schon. Jetzt können Sie noch etwas an diesem Stil feilen, damit Ihre Dokumentationen möglichst ansprechend und verständlich werden. Lernen Sie dazu zunächst, Wörter zu sparen. Drücken Sie sich mit wenigen Worten klar aus, anstatt mit vielen Worten um den heißen Brei herumzureden. Üben Sie das gemeinsam im Team oder allein. Dazu können Sie die **Übung 2** auf der **Kopiervorlage** auf S. 25 nutzen.

Die passende Wortart wählen

Adjektive

Adjektive oder Eigenschaftswörter kennen wir in drei Formen.

- ✔ als Attribut: *das fröhliche Kind*
- ✔ als Prädikat (Satzaussage): *Das Kind ist fröhlich.*
- ✔ als Adverb (Umstandswort): *Das Kind singt fröhlich.*

Oft kann aus dem Adjektiv und dem Substantiv ein neues Substantiv gebildet werden:
dörfliche Schule = Dorfschule

Seien Sie sparsam mit Adjektiven. Verwenden Sie sie nur dann, wenn sie auch nötig sind, um etwas genauer zu beschreiben. Sogenannte **Tautologien** zeigen, wie oft wir Adjektive benutzen, obwohl sie überflüssig sind und wir uns „doppelt gemoppelt" ausdrücken:
dunkle Finsternis, großer Riese, kleiner Zwerg, weiche Watte, runde Kugel.

Übung

Nehmen Sie einen x-beliebigen Text und streichen Sie alle Adjektive. Fügen Sie nach dem Durchlesen nur die Adjektive wieder ein, die notwendig sind, um den Text zu verstehen, z. B.:

Er kam im silbernen Auto. (Er kam nicht im roten Auto wie sonst üblich.)

Verben

Wählen Sie Verben, die genau das aussagen, was Sie ausdrücken möchten:
Viktor geht durch den Garten.
Viktor schlendert durch den Garten.
Viktor hüpft durch den Garten.

Mit Verben treiben Sie die Handlung einer Geschichte voran und machen Ihren Text lebendig. Gut gesetzte Verben sagen aus, was passiert und vermitteln so ein anschaulicheres Bild als umschreibende Adjektive. Vergleichen Sie selbst:
Sieh nur, da ist eine Schnecke auf der Straße!
Sieh nur, da kriecht eine Schnecke über die Straße!

Im Frühling sind viele Blumen auf der Wiese.
Im Frühling blühen viele Blumen auf der Wiese.

Ziehen Sie eine aktive Ausdrucksweise einer Passivkonstruktion vor:

Passiv: *Die Freistunde wurde von der Direktorin verschoben.*

Aktiv: *Die Direktorin verschob die Freistunde.*
Oder: *Die Direktorin hat die Freistunde verschoben.*

Formulieren Sie Ihren Text besser mit aussagekräftigen Verben, statt eine Konstruktion mit einem Substantiv zu verwenden. Ihr Text wird dadurch verständlicher:

Das Schreien des Kindes weckt die Mutter.
Das Kind schreit und weckt damit die Mutter.

Fremdwörter

Verzichten Sie in Dokumentationen für Kinder weitestgehend auf Fremdwörter. Ausnahmen bilden Wörter, die den Kindern bereits bekannt sind. Achten Sie darauf, Modewörter zu vermeiden. Schreiben Sie in einem klaren, einfachen Deutsch.

Auf einen Blick

- Sparen Sie mit Adjektiven! Setzen Sie Adjektive bewusst und treffend ein.
- Wählen Sie Verben, die genau das aussagen, was Sie ausdrücken möchten.
- Schreiben Sie möglichst im Aktiv.
- Verwenden Sie möglichst Verben, statt Konstruktionen mit Substantiven zu benutzen.
- Verzichten Sie auf Fremdwörter und schreiben Sie in klarem, einfachem Deutsch.

Buchtipps

Wenn es Ihnen schwerfällt, die richtigen Worte zu finden, können Sie sich von folgenden Büchern anregen lassen:

Textor, A. M.:
Sag es treffender.
Ein Handbuch mit über 57000 Verweisen auf sinnverwandte Wörter und Ausdrücke für den täglichen Gebrauch.
rororo, 2002.

Textor, A. M.:
Sag es auf Deutsch.
Das Fremdwörterlexikon. Über 20000 Fremdwörter aus allen Lebensgebieten.
rororo, 2008.

Die passende Zeitform wählen

Kinder leben im Jetzt. Daher ist es naheliegend, Texte für Kinder auch in der **Gegenwart (Präsens)** zu schreiben. Doch Ihre Beobachtungen und die Erlebnisse und Lernerfahrungen der Kinder liegen im Allgemeinen in der Vergangenheit. Deshalb sollten Sie über diese auch in der Vergangenheit schreiben. Nutzen Sie aber die Gegenwart, wann immer es angebracht ist.

Liebe Julia,
heute schreibe ich dir einen Brief. Ich freue mich darüber, denn wir haben in letzter Zeit viel zusammen erlebt.

In der Vergangenheit liegende Handlungen können wir im **Präteritum** schildern:
Peter öffnete sein Geschenk.

Für eine Lerngeschichte ist das Präteritum aber eher ungeeignet, da es fast ausschließlich in der Schriftsprache benutzt wird. Daher ist es für Kinder schwerer verständlich:
Du öffnetest dein Geschenk.

Beschreiben Sie Beobachtungen und Handlungen, die in der Vergangenheit liegen, besser im **Perfekt**:
Du hast dein Geschenk geöffnet.

Auf einen Blick

- Schreiben Sie möglichst in der Gegenwart, wenn es angebracht ist.
- Beschreiben Sie Beobachtungen und Handlungen, die in der Vergangenheit liegen, im Perfekt.

Sätze verständlich formulieren

Vermeiden Sie **Wiederholungen**! Tun Sie das aber nicht zwangsweise. Wenn Sie **Synonyme** (Wörter mit gleicher Bedeutung) suchen, kann es passieren, dass diese unpassend erscheinen, weil es sich z. B. um Fremdwörter handelt. Stellen Sie Sätze im Zweifelsfall um, damit der Sinn nicht verloren geht:
Eine Blume hält die Mutter. Sie ist blau.

Wer flüchtig liest, könnte denken, das Adjektiv bezieht sich auf die Mutter:
Eine Blume hält die Mutter. Die Mutter ist blau.

Wiederholen Sie deshalb lieber das Wort „*Blume*“:
Eine Blume hält die Mutter. Die Blume ist blau.

Stattdessen können Sie auch die Sätze umstellen:
Die Mutter hält eine blaue Blume.
Die Mutter hält eine Blume. Sie ist blau.

Variieren Sie die Satzlänge! Grundsätzlich sollten Sätze für Kinder relativ kurz sein. Je jünger die Kinder sind, desto kürzer dürfen die Sätze sein. Doch wer einen Text liest, der ausschließlich aus kurzen Sätzen besteht, verliert bald das Interesse am Inhalt. Die Handlung wirkt abgehackt und gehetzt wie bei einer Sportberichterstattung.

© Tatyana Vyc – Shutterstock.com

BEISPIEL

Lilli sieht einen Ball. Lilli läuft zum Ball. Sie greift nach dem Ball. Er rollt weg. Sie läuft hinterher. Lilli greift wieder nach dem Ball. Sie kann ihn fassen. Sie hält ihn ganz fest. Lilli befühlt den Ball. Er fühlt sich glatt an.

Für Kinder unter drei Jahren eignet sich so eine Handlungsbeschreibung gut als Untermalung zu klaren Bildern. Kinder üben damit, den Zusammenhang von Wörtern und Bildern zu verstehen. Sie plappern nach und lernen neue Wörter kennen. Für Kinder, die schon einen kleinen Wortschatz haben, ist es sinnvoll, die Sätze etwas weniger abgehackt zu gestalten:

Lilli sieht einen Ball und läuft zu ihm. Sie greift nach dem Ball, doch er rollt weg. Sie läuft hinterher und greift wieder nach dem Ball. Jetzt kann sie ihn fassen und hält ihn ganz fest. Lilli befühlt den Ball. Er fühlt sich glatt an.

Vermeiden Sie zu lange Sätze mit komplizierten Nebensätzen und andere Verschachtelungen, denn diese können die Kinder verwirren und so dazu führen, dass sie den Text nicht mehr verstehen. Sie möchten, dass die Kinder Sie verstehen. Das ist Ihr Ziel.

Auf einen Blick

- Vermeiden Sie Wiederholungen, aber achten Sie dabei darauf, dass die Texte verständlich bleiben.
- Variieren Sie die Satzlänge, aber vermeiden Sie komplizierte Verschachtelungen mit vielen Nebensätzen.

Für wen schreibe ich? – Sprache auf den Leser zuschneiden

Wenn Sie etwas schreiben, sollten Sie zuerst überlegen, wer es lesen wird bzw. soll. Kommentare im Portfolio eines Kindes richten sich an das Kind. Manchmal sind sie auch vom Kind formuliert und Sie schreiben sie nur auf. Dann gibt es niemand bestimmten, an den sich der Kommentar richtet. Sie schreiben ihn in der Ich-Form aus Sicht des Kindes.

Lerngeschichten richten sich direkt an das Kind. Sprechen Sie also das Kind direkt an. Formulieren Sie subjektive Eindrücke, die Sie während Ihrer Beobachtungen gesammelt haben, möglichst objektiv. Manchmal ist es nötig, das Geschehen ausführlicher zu beschreiben, um objektiv zu schildern.

Subjektiv: *Du streitest mit Niklas.*

Objektiv: *Du hältst ein kleines Auto in deiner Hand. Niklas greift danach und sagt: „Ich will das Auto." Du antwortest nicht darauf. Stattdessen gibst du Niklas einen leichten Schubs und hältst das Auto weiter fest.*

Manchmal neigen wir dazu, Eindrücke schemenhaft zu verkürzen. Solch eine kurze, klare Aussage wäre zwar platzsparend, sie ist aber bei genauem Hinsehen auch wertend:

Carina stört im Stuhlkreis.

Hier ist nicht klar, was Carina genau tut. Wen stört sie? Wie stört sie? Mehr Klarheit verschafft eine Beschreibung wie die folgende:

Carina steht immer wieder auf, dreht sich um, kniet sich auf den Stuhl oder lässt sich auf den Boden sinken. So zieht sie die Aufmerksamkeit aller auf sich. Die beiden direkten Sitznachbarinnen, Lena und Sophie, weisen sie darauf hin, dass sie ruhig sitzen bleiben soll. Doch Carina steht wieder auf, springt herum …

Der Ausdruck „stören" ist selbst sehr subjektiv. Vielleicht empfinden nur Sie die Unruhe von Carina als störend. Mit der Aussage *„Carina stört"* beschreiben Sie nicht das Verhalten Carinas, sondern Ihr persönliches Gefühl. *„Ich fühle mich gestört."*

Achten Sie deshalb beim Formulieren von Beobachtungen und vor allem beim Formulieren der Lernbriefe auf eine **neutrale Wortwahl**!

Formulieren Sie **kindgerecht**, aber nicht kindlich oder gar kindisch. Sie können kindgerecht formulieren, indem Sie sich sprachlich am Wortschatz der Kinder orientieren. Kinder haben je nach Alter einen unterschiedlichen **aktiven Wortschatz** (also Wörter, die sie selbst benutzen) und einen größeren passiven Wortschatz (Wörter, die sie kennen, verstehen und im Zusammenhang mit anderen Wörtern einordnen können). Verwenden Sie deshalb Wörter, bei denen Sie davon ausgehen können, dass das angesprochene Kind sie versteht. Schmücken Sie die Texte nicht unnötig aus, sondern schreiben Sie klar und übersichtlich.

Auch eine kurze Lerngeschichte muss so spannend formuliert sein, dass sie das Kind bis zum Ende hören will. Das gelingt Ihnen, wenn Sie stets beim Thema bleiben. Überlegen Sie sich vor dem Schreiben genau, was Sie aussagen wollen. Bei einer Lerngeschichte gibt es dafür festgelegte Kriterien, die ich in der **Praxishilfe** auf S. 58 für Sie zusammengestellt habe. Behalten Sie Ihre angestrebte Aussage stets im Blick. Informieren und interessieren Sie das Kind, indem Sie sich an Ihrem „roten Faden" entlanghangeln.

Auf einen Blick

- Sprechen Sie in Lerngeschichten das Kind direkt an.
- Schreiben Sie möglichst objektiv. Achten Sie dafür auf eine neutrale Wortwahl.
- Formulieren Sie kindgerecht, aber nicht kindlich.
- Informieren und interessieren Sie!

Wie trainiere ich Schreiben? –

Sprachspiele und Schreibübungen

Nicht jede pädagogische Fachkraft ist automatisch eine sichere Schreiberin. Auch wenn die Basis des Schreibens (Grammatik, Wortwahl usw.) schon durch die Ausbildung gelegt wurde, fehlt es vielen an Übung im flüssigen Schreiben. Einfache Erzählungen, Aufsätze, lebendige Briefe: Das sind für die meisten ferne Erinnerungen an den Deutschunterricht. Im Berichteschreiben haben Sie wahrscheinlich schon Übung. Hier geht es um Fakten, klare, einfache Sprache und reduziertes Schreiben.

Das Schreiben einer Lerngeschichte bzw. eines persönlichen Briefes an ein Kind ist aber etwas anderes:

Es setzt **Einfühlungsvermögen** und **sprachliche Sicherheit** sowie **Grundtechniken** für das Schreibhandwerk voraus.

Um daran zu arbeiten, das Schreiben zu trainieren und Freude daran zu finden, spielen Sie am besten kleine Schreibspiele mit dem gesamten Team. Führen Sie dazu in jeder Teamsitzung in Vorbereitung auf die Dokumentation mit Lerngeschichten einige der folgenden Übungen durch. Sie lockern im Übrigen auch die Stimmung auf und verwandeln die wöchentliche Teambesprechung so in ein fröhliches Ereignis.

Spiel 1: Wortkette

Ziele: Auflockerung, Wortschatz aktivieren, Kreativität anregen

So geht's

Ein Mitspieler nennt ein zusammengesetztes Substantiv (Hauptwort/Nomen), z. B. *Schranktür.* Der nächste Mitspieler nennt ein zusammengesetztes Substantiv, das mit dem zweiten Teil des ersten Wortes beginnt. So setzt sich das Spiel reihum fort.
Schranktür – Türangel – Angelspiel – Spielstunde

Folgende Wörter eignen sich gut als Startbegriffe:

Sonnenblume
Regenschirm
Gartenzaun
Vogelspinne
Kindergartenkinder
Sahnekäse
Lackschuh

Spiel 2: „Opa sitzt in der Badewanne und liest Zeitung."

Ziele: Auflockerung, Satzbau üben, Satzteile beachten, Wörter gezielt aussuchen, Kreativität anregen

So geht's

Legen Sie einen Bogen DIN-A4-Papier im Querformat vor sich, und schreiben Sie darauf den Satz „Opa sitzt in der Badewanne und liest Zeitung." Ziehen Sie nach jedem Satzglied einen Strich nach unten, sodass sechs Spalten entstehen. Alternativ können Sie die **Kopiervorlage** auf S. 26 verwenden. Erklären Sie Ihren Kolleginnen das Spiel: Die erste Spielerin schreibt ein Wort in die erste Spalte, das wie *„Opa"* benutzt werden kann, also ein Subjekt, z. B. *Sonja, die Lehrerin, der Hund* usw. Keiner darf sehen, was sie aufschreibt. Danach klappt sie diesen Teil des Papiers nach hinten um. Die nächste Spielerin füllt die nächste Zeile mit einem Wort aus, das wie *„sitzt"* benutzt werden kann, also mit einem Verb, z. B. *wäscht, springt, serviert* usw. Dann klappt sie diesen Teil des Papiers nach hinten um. So setzt sich das Spiel reihum fort, bis alle Spalten ausgefüllt sind. Das Wort *„und"* bleibt immer stehen.

Beispiel:

Antonia tanzt in die Spülmaschine und pflückt Taschentücher.

Im Anschluss liest eine Mitspielerin den gesamten Satz vor. Manchmal muss die Wortform dabei etwas angepasst werden. Manchmal ist der Satz komplett sinnlos und dadurch auch gar nicht lustig und manchmal ergeben sich wirklich herrlich lustige Sätze. Probieren Sie es aus und spielen Sie ein paar Runden. In einem großen Team können Sie auch mehrere Zettel zugleich herumgehen lassen oder den Satz erweitern.

Spiel 3: Mein Tag als …

Ziele: Lockerung, Kreativität anregen, lebendig und bildhaft erzählen

Dieses Spiel erfordert Fantasie und Schreiblust. Sollten Sie und Ihre Kolleginnen sich zunächst nicht trauen, allein einen Text zu verfassen, können Sie sich zu Spielerpaaren zusammentun.

Wichtigste Regel bei diesem Spiel: Es wird nicht gewertet. Kein Text ist gut oder schlecht. Vielleicht ist einer lustiger als ein anderer, aber es geht vor allem darum, überhaupt etwas zu schreiben und seinen Gedanken freien Lauf zu lassen. Wer gar nicht schreiben möchte, kann stattdessen auch erzählen, was ihm einfällt.

So geht's

Versetzen Sie sich in die absurde Situation, etwas ganz anderes zu sein. Dafür zieht jeder aus dem Team eine Karte. Das können einfache Memospiel-Karten sein oder Sie verwenden die Bilder von den **Kopiervorlagen**, S. 27–28. Haben Sie nichts anderes zur Hand, können Sie auch vor dem Spiel gemeinsam mit dem Team verschiedene Gegenstände, berühmte Persönlichkeiten, Tiere, Gebäude usw. auf Notizzettel schreiben. Die Aufgabe besteht nun darin, einen Moment oder einen Tag aus dem Dasein als Schrank, George Clooney, Fliege oder auch Putzlappen zu beschreiben.

Anschließend liest jeder seine Geschichte vor. Die Gruppe versucht, zu erraten, als was die Person in der Geschichte lebte. Wer nicht selbst vorlesen mag, bittet jemand anderen darum.

BEISPIEL

Ich hänge. Rechts und links neben mir hängen meine Brüder und Schwestern. Sie schlafen. Ich kann nicht schlafen. Zu spannend ist der Moment, der gleich folgt. Heute wird sie mich nehmen. Da! Sie öffnet die Küchentür und kommt herein. Sie füllt Wasser in den Wasserkocher und holt einen Teebeutel aus dem Schrank. Jetzt! Sie greift mit ausgestrecktem Arm ... Ja! Sie nimmt mich! Fest umschlingt ihre Hand meinen Bauch. Doch schon lässt sie mich los. Kalt fühlt sich die Spüle an. Der Teebeutel aber ist weich und riecht gut, nach Minze. Das mag ich.

Huch! Oh! Was ist das? Wow, so ist das also: heißes Wasser. Puh, gut, dass ich so dicke Wände habe, denn das Wasser ist wirklich richtig heiß. Ich stehe herum, bestimmt fünf Minuten. Ich schwitze. Die Minze duftet, aber ich mag den Geruch nicht mehr. Es ist schon viel zu viel. Ah, jetzt nimmt sie endlich den Teebeutel heraus und sie umfasst meinen Henkel. Hui, ich schwebe über den Küchentisch hinweg. Ich spüre, wie etwas Weiches meine Wand berührt und ich bin ganz schief.

Vorsicht, ich laufe aus! Ach so, sie schlürft den Tee in sich rein. Ich schwitze immer noch, obwohl schon fast kein Tee mehr in mir drin ist. Sie umfasst mich wieder und stellt mich ab. Wo bin ich? Hilfe, ist das kalt! Sie schüttet kaltes Wasser über mich. Und jetzt kitzelt sie mich mit einer Bürste. Puh! Ah, jetzt nimmt sie mich am Griff, raus aus dem komischen Ort. Pfff... pfui! Was ist das schon wieder? Etwas rubbelt an mir herum. Es quietscht. Hui, mir wird ganz warm dabei. Jetzt schwebe ich wieder und ... Oh! Ich hänge wieder an meinem Haken. Meine Schwestern und Brüder schlafen immer noch. Schade, mein Ausflug ist schon zu Ende. Dann werde ich wohl auch schlafen.

Spiel 4: Bilder beschreiben

Das Beschreiben von Bildern ist eine sehr wichtige Übung für spätere Portfolioeinträge und Lerngeschichten. Im Spiel versuchen die Teammitglieder, ein Bild möglichst detailliert zu beschreiben. Sie können für dieses Spiel z. B. Bilder aus Zeitschriften oder dem Internet verwenden. Beschreiben Sie z. B. ein Gemälde, ein Bild von mehreren Menschen, eine Landschaftsaufnahme o. Ä.. Sie können für das Spiel auch einfach die Bilder von S. 21–22 benutzen.

Ziele: aufmerksames Hinsehen und genaues Beschreiben

So geht's

Betrachten Sie gemeinsam ein Bild, und beschreiben Sie es so genau wie möglich. Eine der Mitspielerinnen kann mit der Bildbeschreibung beginnen, die anderen ergänzen hinterher.

Variation 1:

Bilden Sie Zweiergruppen. Eine Mitspielerin jeder Gruppe bekommt ein Bild, das ihre Partnerin nicht sehen darf. Die andere Mitspielerin ist mit Stift und Papier ausgerüstet. Die erste Mitspielerin beschreibt das Bild nun so genau sie kann, während die andere skizzenhaft aufzeichnet, was sie sich anhand Beschreibung vorstellt. Bei dieser Variation können Sie hervorragend überprüfen, wie genau Ihre Beschreibung wirklich ist.

Variation 2:

Jede Mitspielerin sucht sich ein Bild aus und beschreibt es schriftlich. Im Anschluss liest sie ihre Beschreibung vor. Die anderen stellen sich vor, was auf dem Bild zu sehen ist. Stimmen die Vorstellungen der Zuhörer mit dem Bild überein? Sprechen Sie darüber! Überlegen Sie, warum auch eine genaue Beschreibung ein ganz anderes Bild im Kopf entstehen lassen kann als das eigentlich beschriebene.

BEISPIEL

Das Bild ist rechteckig im Querformat. Im Hintergrund sind etwas Wiese, ein Weg und ein paar Büsche zu sehen. Links im Bild, am oberen Rand, ist ein Holzbrett zu erkennen. Es könnte von einer Hütte oder einem Stall stammen. Der Weg aus dem Hintergrund zieht sich durch das gesamte Bild bis in an den unteren Rand, von rechts bis zur Bildmitte.
Im Vordergrund sind der Oberkörper und Kopf eines Jungen zu sehen. Er nimmt die gesamte Bildhöhe ein. Er steht nach links gewandt. Den Kopf sieht man seitlich, mit der Nase nach links gewandt. Der Rumpf des Kindes endet am unteren Rand des Bildes. Das Kind hat einen herausgewachsenen Kurzhaarschnitt und trägt ein blaues, ärmelloses Shirt mit einer schwarz-weißen Aufschrift. Die Arme des Kindes wirken leicht gebräunt. Der linke Arm hängt herunter und ist nur im Oberarmbereich sichtbar. Den rechten Arm streckt das Kind leicht gebeugt nach vorne aus. Die ausstreckte Hand hält das Kind zwei Ziegen hin.
Links im Bild befinden sich zwei Ziegen ganz dicht nebeneinander. Man sieht auf den ersten Blick nur die erste Ziege, die zweite steht dicht neben ihr und ist nur minimal zu erkennen.
Ein Zaun aus Maschendraht mit einem Rundbalken zieht sich von der linken unteren Ecke des Bildes nach hinten im Bild. Er endet kurz vor dem Holzbrett, etwa in der Mitte, in der linken Hälfte des Bildes. Die Ziegen sind nur mit dem Hals und Kopf sichtbar. Sie recken den Kopf über den Zaun und versuchen, aus der Hand des Jungen zu fressen. Das Bild ist gut durch die Sonne belichtet. Die Schatten fallen nach hinten. Vermutlich wurde das Bild an einem sonnigen Tag in einem Zoo aufgenommen.

Probieren Sie es aus!

Blättern Sie erst um, wenn Sie das Bild in Ihrer Vorstellung genau vor sich sehen!

Haben Sie dieses Bild erwartet? Vermutlich nicht.

Tipps für eine Bildbeschreibung

Einleitung: Medium (Foto, Gemälde), Kernaussage/Bildaussage/Motiv (Es handelt sich um das Foto eines Kindes, das Ziegen füttert.), Bildtitel und Künstler (falls angegeben)

Hauptteil: Detaillierte Beschreibung des Bildes: Hintergrund und Vordergrund, Farben, Formen, Stimmung, Perspektive/ Blickwinkel, dabei dem Weg des Auges folgen, sodass ein Bezug der einzelnen Beschreibungen zueinander erfolgt (von hinten nach vorne, von der Mitte nach außen usw.), auf Details achten, aber auch die Zusammenhänge und die Komposition des Bildes beschreiben.

Schluss: Abschließende Bemerkung, z. B. Interpretation: Wie wirkt das Bild? Was denken oder fühlen die Personen auf dem Bild? usw.

Übung

Beschreiben Sie das Bild oben auf eine andere Art als in dem gegebenen Beispiel. Gehen Sie z. B. vom Gesamteindruck aus und tasten Sie sich bis zu den Details vor.

Beschreiben Sie das Bild abermals. Orientieren Sie sich diesmal an den „Tipps für eine Bildbeschreibung".

Beispielbilder für eine Bildbeschreibung

© magann – stock.adobe.com

© olesiabilkei – stock.adobe.com

© Erica Guilane-Nachez – stock.adobe.com

© Patryk Kosmider – stock.adobe.com

Spiel 5: Drei-Wörter-Sätze-Geschichte

Ziele: Lockerung, Kreativität anregen, einfache Sätze bilden

So geht's

Geben Sie einen Satz mit drei Wörtern vor und bitten Sie Ihre Kolleginnen, weitere Sätze mit jeweils nur drei Wörtern zu bilden, sodass eine kleine Geschichte entsteht:
Hans spielt Ball. Franz schaut zu. Anna kommt dazu. „Ich will spielen!" „Nein!", sagt Hans.

Weitere Anfangssätze:

„Lotte, komm her!"
Alle lieben Klaus.
Bäume sind groß.
Fritz spricht spanisch.
Hort ist doof.

Variation 1:

Spielen Sie mit Vier-Wörter-Sätzen, wie:
Bodo putzt seine Schuhe.
Heute scheint die Sonne.
Hosen haben zwei Beine.

Variation 2:

Versuchen Sie, das Spiel mit Zwei-Wörter-Sätzen zu spielen.

Variation 3:

Beginnen Sie das Spiel mit einem Zehn-Wörter-Satz. Jeder folgende Satz hat ein Wort weniger als sein Vorgänger. Enden Sie mit einem Ein-Wort-Satz.

Spiel 6: Schnellschreiben

Schnell schreiben ist reine Übungssache. Je mehr Sie schreiben, desto schneller werden Sie. Achten Sie nicht auf die Schrift. Wichtig ist nur, dass Sie selbst später entziffern können, was Sie geschrieben haben.

So geht's

Ein Vorleser liest willkürlich Wörter aus einem Wörterbuch oder Lexikon vor und Sie schreiben mit. Zunächst liest der Vorleser langsam vor, dann immer schneller. Alternativ kann er auch einen Dialog vorlesen oder zwei Ihrer Kolleginnen spielen ihn vor.

Übungswörter:

Meerschweinchenringelsocken, Frühlingsgemüsesuppennudeln, Kindergartensommerfesttanzeinlage, Wundertütenfüllung, Tausendfüßerturnschuhschnürsenkel, Elefantenantennasenringperlen, Sandkornschleifmaschineneinspritzventil, Schreibtischlampenglühbirnenfassung

Übungsdialog:

Ferdinand und Marie-Luise sitzen am Maltisch.

Ferdinand: „Schau, ich mal ein schönes Bild!"

Marie-Luise: „Find' ich nicht, das sieht voll komisch aus. Was ist das überhaupt?"

Ferdinand: „Wohl ist das schön. Voll schön! Ich mal nämlich grad eine richtig schöne Zecke!"

Marie-Luise: „Iiihhh! Zecken sind so eklig!"

Ferdinand: „Stimmt ja gar nicht."

Marie-Luise: „Doch!"

Ferdinand: „Nö, du bist eklig. Mein Bild ist voll schön. Du bist blöd!"

Marie-Luise: „Selber blöd, du Zecke!"

Erzieherin: „Na, ihr zwei! Ferdinand, das ist ja eine schöne Schnecke, die du da malst."

Tipp

Probieren Sie verschiedene Stifte zum Schreiben aus: Kugelschreiber, Füller, Bleistift usw.

Spiel 7: Schlagzeilen

Wenn Sie einen Lernbrief schreiben, sollten Sie diesen für das Kind geeignet und wertschätzend formulieren. Ihre Beobachtungen schildern Sie deshalb möglichst neutral. Ganz anders ist das mit Schlagzeilen, die uns täglich begegnen. Sie klatschen uns Ereignisse als Sensationen vor, sodass wir ganz normale Vorkommnisse als etwas Besonderes wahrnehmen. Versuchen Sie es selbst! Nehmen Sie einfache Beobachtungen, Handlungen oder Gegebenheiten und formulieren Sie daraus eine Schlagzeile mit der passenden Sensationsnachricht.

© Monkey Business Images – Shutterstock.com

BEISPIEL

Er kann gehen!

München: Georg L. (12 Monate) hat es geschafft! Pünktlich zu seinem ersten Geburtstag ist es ihm gelungen, erste Schritte zu gehen. Georgs Mutter, Cornelia L., kann die Tränen kaum zurückhalten, als sie von diesem ergreifenden Moment erzählt. „Er hat so hart trainiert. Wochenlang ist er auf allen vieren gekrabbelt, hat sich an Möbeln hochgezogen, um endlich auf seinen eigenen Beinen zu stehen. Aber jetzt … dass er nun wirklich gehen kann …" Georg selbst hat sich schon nach wenigen Schritten in die nächste Trainingsphase begeben. Er übt jetzt Laufen.

Übung 1 zu S. 11: Schreiben mit Stil

Setzen Sie sich im Team zusammen. Wählen Sie eines der folgenden Themen sowie eine der vorgegebenen Stichwortsammlungen. Mischen Sie die Texte im Anschluss und lesen Sie sie laut vor. Können Sie am Schreibstil erraten, wer welchen Text geschrieben hat?

Themen

- ✔ Im Buchladen
- ✔ Der Einkauf
- ✔ Der Papagei
- ✔ Das Kamel
- ✔ Der Kaffeelöffel

Stichwörter

- ✔ Wasser, Rosen, U-Boot, Amsel
- ✔ Schuh, Goldfische, Stein, Kirche
- ✔ Puppe, Lampe, Schnellhefter, Schere
- ✔ Flasche, Topf, Zucker, Wolle

Übung 2 zu S. 12: Weniger ist mehr

Streichen Sie im folgenden Text so viele Wörter wie möglich. Überlegen Sie dazu im Team, wie Sie den Text ausrichten wollen: als Bericht, als Erzählung, als Brief? Entsprechend können Sie mehr oder weniger kürzen.

Heute haben wir endlich mal wieder einen besonders schönen, langen Ausflug gemacht. Wir sind mit der gesamten Kindergartengruppe „Ameisenbären“ des Kindergartens Frühlingsglück in den Zoo gegangen, also den großen Tierpark bei uns in der Stadt.

Um dahin zu kommen, mussten wir erst mit der U-Bahn fahren, die unter der Erde entlangfährt. Das fanden besonders die jüngeren Kinder sehr aufregend. Wir haben eine lange Schlange gebildet, damit wir niemanden verlieren. Die Kinder haben sich dafür an den Händen gehalten.

In der U-Bahn war es sehr voll mit Menschen, die gerade zur Arbeit fuhren. Wir mussten uns ziemlich zusammenquetschen, um hineinzupassen, und aufpassen, dass keines der Kinder stolpert und auf den Boden fällt. Aus der U-Bahn kamen wir dann jedoch wieder ganz gut heraus, denn mit uns sind viele der Leute, die gerade zur Arbeit fuhren, ausgestiegen. Wir liefen gemeinsam ganz schnell zur Bushaltestelle, weil wir ja unbedingt noch unseren Bus bekommen wollten.

Formulieren Sie einen eigenen Text zu diesem Thema, der mit wenigen Wörtern auskommt und ansprechender klingt.

Schreiben Sie den Text weiter. Was ist alles passiert im Zoo? Sparen Sie dabei mit Wörtern!

Zu Spiel 2, S. 17: „Opa sitzt in der Badewanne und liest Zeitung."

Opa	sitzt	in der Badewanne	und	liest	Zeitung.

Zu Spiel 3, S. 17–18: Mein Tag als …

© Lucky Dragon – stock.adobe.com
© fotolichtblick – stock.adobe.com
© Paul Hill – stock.adobe.com
© sommersprossen – stock.adobe.com
© Ian Dyball – stock.adobe.com
© Daniel Nimmervoll – stock.adobe.com

Zu Spiel 3, S. 17–18: Mein Tag als …

3. Bildungsprozesse im Fokus – Beobachten und Dokumentieren in der Kita

Das Beobachten von Kindern und das Dokumentieren dieser Beobachtungen ist heute in den meisten Kitas selbstverständlich. Es wird als Instrument zur Förderung (früh-)kindlicher Bildung eingesetzt, denn individuelle Förderung verlangt genaues Hinsehen, Reflektieren und gemeinsames Finden und Bereitstellen von vielfältigen Lernmöglichkeiten.

Beobachten ist nicht gleich beobachten – Worauf muss ich achten?

Beobachtungen können auf unterschiedliche Weise stattfinden. Im Kita-Team sollten Sie sich im Beobachten üben, Möglichkeiten ausprobieren und sich möglichst einigen, welche Beobachtungsform Sie wählen möchten. Dafür legen Sie gemeinsam Kriterien fest, erarbeiten Beobachtungsvordrucke bzw. Kopiervorlagen und stellen Zeitpläne auf, um eine Übersicht über stattfindende Beobachtungen zu erhalten.

Welche Beobachtungsformen gibt es?

Beobachtungsformen lassen sich in drei mögliche Methoden einteilen (vgl. Dennig, 2007, S. 19):

- ✔ Naives Beobachten
- ✔ Gelegenheitsbeobachtungen
- ✔ Systematisches Beobachten

Während beim **Naiven Beobachten** ein Moment intuitiv wahrgenommen, eingeschätzt und interpretiert wird, ist die **Gelegenheitsbeobachtung** schon etwas gezielter. Hier ist die Gelegenheit der Beobachtung zwar ebenso spontan, das Beobachten zielt aber auf eine bestimmte Person und deren Verhalten ab.

Systematisches Beobachten setzt bestimmte Ziele voraus. Dafür werden Kriterien festgelegt, nach denen ein Kind über gewisse Zeiträume hinweg beobachtet wird.

Viele Träger schreiben ihren Einrichtungen vor, nach welchen Richtlinien sie beobachten sollen. Das hat sich nicht bewährt. Erzieherinnen-Teams können meist besser einschätzen, welche Form der Beobachtung und welche Auswahl an Beobachtungskriterien im Einzelfall sinnvoll sind. Standardisierte Systeme wie PERIK, Bellers Entwicklungstabelle usw., bieten aber Anregungen.

Neugierig wagt er sich an die Reckstange.

Wozu sind diese Beobachtungen gut?

Als Erzieherin, die sich mit der aufgezwungenen Schreibarbeit quält, fragen Sie sich das vermutlich häufig. Leider merken Sie es im stressigen Alltag kaum, dass sie ständig Kinder beobachten und das ganz automatisch. Nur deshalb können Sie reagieren, z. B. bei Konflikten unterstützend einschreiten, neue Impulse anbieten oder Rückschlüsse ziehen. Diese sogenannten naiven Beobachtungen sollen bei der schriftlichen Beobachtung festgehalten werden. Darüber hinaus zielt sie darauf ab, noch mehr über das einzelne Kind zu erfahren, um seinen Bildungs- und Einwicklungsweg möglichst effektiv und zugeschnitten auf die Persönlichkeit des Kindes zu gestalten. Beobachtungen, die schriftlich festgehalten werden, unterstützen deshalb eine wertschätzende, interessierte Haltung zum Kind vorausgesetzt, die Erzieherin lässt sich wertfrei und offen auf das Beobachten ein.

Wie halte ich Beobachtungen fest?

Das Aufschreiben von Beobachtungen folgt einem einfachen Schema:

1. Notieren
2. Ausformulieren
3. Auswerten (evtl. gemeinsam mit Kolleginnen)
4. Zusammenfassen/Schlüsse ziehen und diese aufschreiben bzw. für eine Dokumentation ausformulieren

Notizen während der Beobachtung **(Kopiervorlage**, S. 35**)** sind oft für andere unleserlich. Schließlich geht es hier darum, möglichst schnell alles aufzuschreiben, was man sieht, hört oder sonst irgendwie wahrnimmt. Besonders Dialoge von Kindern erfordern eine geübte Schnellschrift. Nach ein paar Versuchen schafft man es aber, sich eigene Kürzel auszudenken und immer schneller zu schreiben. Stichpunkte genügen, sofern Sie diese später selbst wieder entschlüsseln können. Notizen müssen nicht ausformuliert sein. Hier darf auch etwas Persönliches stehen, solange Sie es als persönlichen Eindruck kennzeichnen und es so von der rein sachlichen Beobachtung unterscheiden können. Ein Beispiel für handschriftliche Beobachtungsnotizen finden Sie im **Praxisbeispiel** auf S. 32–33.

Das **Ausformulieren** Ihrer Beobachtungen, die Sie als Notizen festgehalten haben, sollten Sie so zeitnah wie möglich angehen. Schon ein paar Stunden und viele Eindrücke später laufen Sie sonst Gefahr, Ihre gekritzelten Kürzel nicht mehr richtig deuten zu können. Wichtige Details einer Situation wie eine große Anspannung oder die heute besonders tief klingende Stimme eines Kindes könnten in Vergessenheit geraten. Ein Beispiel für ausformulierte Beobachtungen finden Sie im **Praxisbeispiel** auf S. 34.

Die **Auswertung** der Beobachtungen erfolgt anhand bestimmter **Kriterien**. Diese sind Fragen, nach dem Lernen, der Entwicklung und dem Wohlbefinden des Kindes. Deshalb ist es wichtig, im Team zu klären, was die Kolleginnen unter Lernen verstehen. So denkt die eine Erzieherin: *„Kinder lernen vor allem beim Spielen.“* Eine andere Erzieherin meint: *„Lernen findet immer statt.“* Und eine weitere ist der Ansicht: *„Lernen heißt, sich Wissen anzueignen.“* Doch Lernen ist viel mehr als nur das Erringen von Wissen.

Fachkräfte sollten daher auf folgende Punkte achten:

- ✔ *Lernen als Tun: Wie lernt ein Kind durch Tun? Wie zeigt sich im Tun, was es gerade lernt, was es schon gelernt hat, was es kann und weiß und ob es eine Ahnung davon hat, was es tun muss, um etwas Neues herauszufinden und zu können?*
- ✔ *Lernen als Wissen: Wie eignet sich ein Kind Kenntnisse an? Welches Wissen hat es verfügbar, welche Kenntnisse wendet es an, wie verknüpft es Bekanntes mit Unbekanntem, um weiteres Wissen zu erwerben?*
- ✔ *Lernen als Verstehen: Wie zeigt sich Lernen als Verstehen? Welche Zusammenhänge kennt oder erforscht das Kind, wie erklärt es sich Zusammenhänge und wie kommt es dazu, sich neue Zusammenhänge zu erarbeiten?“*

(GEW, 2008, S. 107)

Erst wenn Sie sich auf die Kinder einlassen und sich dem kindlichen Tun aus verschiedenen Blickwinkeln nähern, entdecken und verstehen Sie nach und nach, wie Kinder lernen und sich weiterentwickeln.

Im letzten Schritt dokumentieren Sie Ihre Ergebnisse. Dafür gibt es unterschiedliche Wege.

Beobachtung: Notizen Max (Waldkindergarten), Teil 1

Beobachtung Max Feldmann
22.03.2013 / 9.30 Uhr von Silvia Silber

Wetter regnerisch aber warm. Gruppe beim Bauwagen. Max hat TM dabei. Hat mich gefragt, ob er es benutzen darf. Habe Regeln abgefragt. Kennt sie alle.
Max geht zum Eulenbaum.

Geht am Baum entlang, Hand streicht über Stamm. Hockt sich ans Kopfende, holt Messer raus, klappt es auf. Stochert im Holz. (konzentriert, aufmerksam.
Das Holz dort ist weich, fransig. Holzspäne löst sich. Max hebt sie auf (links). Schaut sie an, lässt sie fallen. Messer dabei aufs Holz (Stamm) gerichtet (rechts). Stochert lange weiter. Immer gleich.
Wischt Messer am Holz ab. Vorsichtig, bedächtig. Klappt es zu. Finger außen, wirkt sehr konzentriert. Steckt das TM in die Jackentasche.
Steht auf, geht Richtung Bach. Schaut zum Boden. Bleibt stehen. Bückt sich. Hebt Stöckchen auf. Alt, marode, morsch. Dick. Biegt es mit beiden Händen. Bricht. Er schmeißt beide Teile nacheinander in den Bach. Holt weit aus. Wirft weit und gezielt.
Schaut auf den Boden, geht paar Schritte am Bach entlang. Bleibt stehen. Nimmt Stock auf. Biegt ihn vorsichtig. Hält. Schaut ihn von allen Seiten an.

Beobachtung: Notizen Max (Waldkindergarten), Teil 2

Zupft Rinde ab. Geht zurück zum Eulenbaum.
Setzt sich drauf. Stock legt er neben sich. Holt
TM aus Tasche, klappt es auf. Nimmt Stock links
Messer rechts. Hält Stock etwa in der Mitte.
Schneidet/Kratzt Rinde weg - Vom Körper weg.
Passt gut auf, arbeitet langsam, konzentriert.
Schnitzt weiter ~~andere~~ bis Spitze entsteht.

Anm. um 14 Uhr:
Rest des Tages Messer in Tasche. Hält sich genau
an die Regeln. Einmal holt er es raus. Teilt Jana
ein Rindenstück durch.

Anregung: Pfeife schnitzen, Pfeil + Bogen,
Rinde schnitzen

Beobachtung: Max (Waldkindergarten), getippt

Name des Kindes: Max Feldmann

Datum/Uhrzeit: 22.03.2013/9.30 Uhr

Beobachterin: Silvia Silber

Raum/Gruppe/Situation

Max hat heute ein Taschenmesser dabei. Er zeigt es mir und fragt, ob er es benutzen darf. Ich frage, ob er die Regeln kennt. Er sagt sie mir auf. Er geht zum Eulenbaum (liegender Baumstamm), allein, etwa zehn Meter entfernt vom Bauwagen.

Handlungsverlauf

Max geht am Eulenbaum langsam entlang und schaut ihn sich an. Er streicht mit einer Hand über den Baum. Am Ende angekommen, geht er an die Vorderseite, hockt sich hin. Er holt sein Messer aus der Tasche, klappt es auf. Er schaut dabei genau hin, handelt langsam, ruhig, wirkt konzentriert. (Blickt ist ruhig aufs Messer gerichtet.)

Er setzt das Messer aufs Holz, an eine weiche, ausgefranste Stelle. Er stochert mit dem Messer herum, ein paar Holzspäne fallen heraus. Er hebt sie auf (mit links), schaut sie an, lässt sie fallen. Das Messer hält er weiter mit rechts auf das Holz gerichtet. Er stochert weiter herum. Nach ein paar Minuten gleichen Herumstocherns wischt er das Messer am Holz ab, sehr vorsichtig. Er klappt es zu, achtet darauf, die Finger nur außen zu halten, packt es in die Jackentasche.

Max steht auf und geht Richtung Bach. Er schaut auf den Boden, bleibt stehen, bückt sich und hebt ein Stöckchen auf. Es ist recht dick, sieht morsch aus. Max nimmt es in beide Hände, biegt es. Es bricht. Er schmeißt beide Teile in den Bach (dafür holt er mit rechts Schwung und wirft sehr weit). Er schaut auf den Boden, geht ein paar Schritte am Bach entlang.

Max bleibt stehen. Nimmt einen Stock auf, biegt ihn vorsichtig. Er hält. Max schaut ihn an, zupft die Rinde ab, geht damit zurück zum liegenden Baumstamm. Er setzt sich drauf, legt den Stock neben sich, holt das Messer hervor, klappt es auf. Er nimmt den Stock links, das Messer rechts in die Hand. Er hält den Stock etwa in der Mitte, schneidet die Rinde weg, vom Körper weg, und passt gut auf. Er schnitzt weiter, bis eine Spitze entsteht, schaut sich seinen „Pfeil" an, packt das Messer wieder in die Tasche und geht zum Bauwagen. Den Stock nimmt er mit.

Anmerkung

Den Rest des Tages behält er das Messer in der Tasche, hält sich genau an die Regeln. Später zerteilt er für Jana ein kleines Rindenstück.

Anregung

Pfeile schnitzen, Bogen bauen, Rindenmuster

Beobachtung

Name des Kindes/Alter ______________________ Datum/Uhrzeit ______________________

Beobachterin ____

Raum/Gruppe/Situation

____

____

____

Beobachtung

____

____

____

____

____

____

____

____

____

____

____

____

Interpretation, Anmerkung, besondere Eindrücke

____

____

____

____

____

Welche Beobachtungsanlässe gibt es?

Beobachtungsanlässe gibt es ständig. Es ist eine Frage des Hinsehens und der Interpretation, ob das Beobachtete relevant ist, um es in die Dokumentation einfließen zu lassen.

Um Beobachtungsanlässe zu finden bzw. zu erkennen, ist es hilfreich, Fragen zu stellen. Erarbeiten Sie diese im Team und schreiben Sie sie auf! Kategorisieren Sie die Fragen z. B. entsprechend der Bildungsbereiche.

Soziales Miteinander:

- ✔ Spielt das Kind gern allein?
- ✔ Spielt es gern mit anderen?
- ✔ Mit wem spielt es?
- ✔ Welche Rolle nimmt das Kind im Spiel ein?
- ✔ Kann es Wünsche äußern und auch durchsetzen?

Auf den folgenden beiden Seiten finden Sie einen **Fragenkatalog** zu den einzelnen Bildungsbereichen.

Auch **Spielsituationen** eignen sich, um sie zu beobachten und zu dokumentieren, denn das Kind entwickelt sich stets weiter. Es lernt beim Essen, beim Einschlafen, beim Zuhören, beim Toben usw. Besonders interessant sind Momente, in denen sich das Kind an etwas Neues heranwagt, etwas erkundet und ausprobiert. Sollten Sie so etwas bemerken, beobachten Sie ganz ungeplant und machen Sie sich spontan Notizen. Wenn das in der Kita so abgesprochen und erlaubt ist, filmen Sie das Kind, möglichst ohne es abzulenken. Im Anschluss können Sie Ihre Beobachtung anhand des Bildmaterials machen und aufschreiben.

Sie haben dann auch die Möglichkeit, sich den Film gemeinsam mit dem Kind anzusehen. Es kann berichten, was es vorhatte und was es fühlte. So entsteht ein **Dialog** über das Lernerlebnis des Kindes. Dieser kann wiederum in die Lerngeschichte einfließen.

Buchtipp

Held, Nina:
Spielanlässe zur Erstellung von Dokumentationen.
Ökotopia Verlag, Münster, 2010.

Auf einen Blick

- Es gibt drei Arten der Beobachtung: Naives Beobachten, Gelegenheitsbeobachtungen und Systematisches Beobachten.
- Die Beobachtung erfolgt in vier Schritten: Notieren, Ausformulieren, Auswerten nach bestimmten Kriterien und das Zusammenfassen in Form einer schriftlichen Dokumentation.
- Die meisten Situationen eignen sich als Beobachtungsanlässe. Formulieren Sie Fragen, um sie als solche zu erkennen.

Persönlichkeit: Selbstbewusstsein, Selbstwahrnehmung, Temperament, Interessen, besondere Fähigkeiten

Wie tritt das Kind in die Gruppe? (Z. B.: Es bleibt an der Tür stehen, sieht sich um und geht dann einen Schritt nach dem anderen an der Wand entlang bis zum Maltisch.)

Wie äußert es seine Bedürfnisse? (Z. B.: laut, fordernd, bestimmt, mit aufrechter Haltung)

Womit beschäftigt sich das Kind häufig über einen großen Zeitraum immer wieder? (Z. B.: Max findet immer etwas zum Auseinandernehmen, das alte Telefon, die Kinderkasse, einen Kugelschreiber …)

Welche Fähigkeiten fallen bei dem Kind besonders auf? (Z. B.: Melanie nimmt einzelne Töne sehr genau wahr und gibt sie auch über Stimme bzw. Instrumente wieder. Dabei sucht sie so lange, bis sie den gehörten Ton wiederfindet.)

Soziales Miteinander

Mit wem spielt das Kind häufig?

Spielt es lieber allein, mit einem Kind oder mehreren Kindern?

Sucht es sich die Spielpartner selbst oder wird es von anderen aufgefordert, mitzuspielen?

Welche Rolle(n) nimmt es im Spiel ein? Gibt es eine Tendenz?

Ist das Kind immer das erste, wenn es darum geht, etwas vor der Gruppe zu tun oder ein Gruppenspiel zu beginnen, oder wie verhält es sich?

Hilft das Kind anderen?

Lässt es sich gern von anderen helfen?

Kommunikation, Sprache, Literacy

Verfügt das Kind über einen altersgemäßen Wortschatz?

Kann das Kind Wörter aneinanderreihen und Sätze bilden?

Wie ist die Aussprache des Kindes?

Bei Kindern mit einer anderen Muttersprache als Deutsch: Lernt das Kind neue Wörter und Sätze? Macht es regelmäßige Fortschritte?

Kann das Kind sich verständlich ausdrücken?

Kann das Kind anderen seine Bedürfnisse, Befindlichkeiten und Gefühle mitteilen?

Passt die Körpersprache des Kindes zu dem, was es sagt?

Hat das Kind Interesse an Büchern, Buchstaben, Symbolen?

Bewegung, körperliche Fähigkeiten, Gesundheit

Kann das Kind bereits krabbeln/stehen/gehen/rennen/hüpfen/auf einem Bein stehen?

Wie wirken die Bewegungen des Kindes? (fließend, aufeinander abgestimmt, koordiniert)

Wie ist der körperliche Zustand des Kindes? (zart, dick, sehr dünn, kräftig, stark, schwach)

Wie ist die Feinmotorik des Kindes entwickelt?

Wie ist die Koordination des Kindes entwickelt?

Wie ist die Grobmotorik des Kindes entwickelt?

Welche Bewegungen machen dem Kind besonders viel Freude?

Musische und ästhetische Bildung

Interessiert sich das Kind für Musik, Lieder, Klänge, Instrumente? Wie drückt sich das aus?

Kann das Kind eine einfache Melodie nachsingen, summen, brummen oder lallen?

Wie ist das Rhythmusgefühl des Kindes ausgeprägt?

Wiegt sich das Kind zu Musik, bewegt es sich in irgendeiner Form dazu?

Wie reagiert das Kind auf Bilder?

Hat das Kind Vorlieben, wenn es Farben auswählt?

Welche Farben verwendet das Kind beim Malen, Legen von farbigen Plättchen usw.?

Welche Formen scheinen das Kind besonders zu interessieren?

Kann das Kind bereits einen geschlossenen Kreis zeichnen?

Hat das Kind Interesse daran, sich schöpferisch auszudrücken? (kneten, malen, basteln, zeichnen)

Natur, Umwelt

Zeigt das Kind ein natürliches Interesse an seiner Umwelt?

Geht das Kind wertschätzend und rücksichtsvoll mit der Natur um?

Hat das Kind Interesse an Pflanzen und Tieren?

Kennt das Kind bereits einige Namen und Begriffe aus der Pflanzen- und Tierwelt?

Hat das Kind bereits ein einfaches Wissen über natürliche Gegebenheiten, wie das Wachstum von Pflanzen und den Kreislauf des Wetters?

Naturwissenschaft, Technik, Mathematik

Ist das Kind neugierig?

Fragt das Kind häufig nach?

Welche Phänomene interessieren das Kind besonders?

Kann das Kind bereits altersentsprechend zählen?

Ist das Kind fähig, Formen zuzuordnen?

Ist das Kind fähig, einige Teile zusammenzubauen?

Kann das Kind bereits einen Turm bauen, der eine Weile stehen bleibt?

Bildungsprozesse dokumentieren –

Wie setze ich es um?

Die Bildung in Krippen und Kindergärten hat sich verändert. Heute sprechen Pädagogen nicht vorrangig über das Kind und erarbeiten Lernstrategien für alle Kinder einer Altersstufe. Sie treten mit dem einzelnen Kind in Dialog.

Mithilfe transparenter Dokumentationsinstrumente streben pädagogische Fachkräfte heute ein ko-konstruktives Lernen für alle Kinder an. Kindliche Lernprozesse finden Beachtung und sind die Basis für pädagogisch angeleitete Bildung. So wird individuelle Förderung gewährleistet und ein wertschätzender Umgang mit dem einzelnen Kind möglich.

Das Kind lernt. Es bildet sich. Direktes Manipulieren durch Lenken und Leiten ist nicht mehr im Sinne moderner Frühpädagogik. Erzieherinnen **unterstützen den Lernprozess** der Kinder, indem sie die Umgebung vorbereiten, Anreize sowie eine sichere und entspannte Atmosphäre schaffen und sich als Ansprechpartner anbieten. Sie beobachten das Lernen und die Entwicklung des Kindes.

Im Dialog miteinander.

Schlussendlich dokumentieren pädagogische Fachkräfte, die Kinder und ihre Eltern gemeinsam die kindliche Entwicklung. Dies geschieht in verschiedenen Formen. Mancherorts gibt es spezielle Vorgaben von Trägern und/oder dem Bundesland. In ganz Deutschland setzt sich jedoch immer mehr das Portfolio, auch Ich-Buch oder Bildungsbuch genannt, durch.

„Das Bildungsbuch ist das Buch des Kindes. […] Der besondere Charakter liegt im dialogischen Entstehungsprozess. Nicht die Erzieherin beobachtet und dokumentiert, sondern jeder trägt dazu bei – auch die Eltern“ (GEW, 2008, S. 25).

Dokumentieren mithilfe von **Portfolios** oder dem **Bildungsbuch** bietet die Möglichkeit, kindliches Lernen zu verstehen. Durch den immerwährenden Dialog entsteht eine enge Bindung zum einzelnen Kind, die wiederum zur positiven Lernatmosphäre beiträgt.

„Das wesentliche Merkmal der Erarbeitung eines Bildungsbuches ist die Partizipation des Kindes. Das Kind wird mit seiner Bildungsentwicklung ernst genommen, akzeptiert und anerkannt. Dabei ist die Erzieherin bestrebt, einen Verständigungs- und Aushandlungsprozess mit dem Kind in Gang zu setzen“ (GEW, 2008,S. 32).

Portfolios sind Sammlungen von Informationen über und von einer Person oder einer Sache. So stellt z. B. ein Architekt in seinem Portfolio dar, wer er ist, wie er arbeitet und welche Bauwerke er bereits entworfen hat. Das Kinder-Portfolio ist meist ein **Entwicklungs-Portfolio**. Eigentümer ist das Kind selbst. Es entscheidet, welche Beiträge abgeheftet werden und wer das Portfolio einsehen darf. Weil die Kinder noch nicht schreiben können, sind Sie als Erzieherin, aber auch die Eltern, unterstützende Stellvertreter. Sie schreiben auf, was das Kind sagt, kommentieren Bilder und formulieren eigene Eindrücke. Diese Schriftstücke schenken Sie dem Kind. Ob das Kind sie ins Portfolio heftet, bleibt dabei ihm überlassen.

Voraussetzung für das Führen von Portfolios bzw. Bildungsbüchern ist das Überdenken der **pädagogischen Haltung**. Deshalb ist es wichtig, dass Sie sich im Team damit auseinandersetzen, wie Ihre Einstellung zum kindlichen Lernen ist.

Ziel ist es, ein Verständnis dafür zu entwickeln, wie Kinder lernen, und sich zu einigen, welche Rolle die Erzieherinnen dabei spielen sollen. Die grundsätzliche **positive und wertschätzende Haltung gegenüber jedem einzelnen Kind** muss von jeher gewährleistet sein. Sie drückt sich letztendlich auch in der Sprache aus, die in Lerngeschichten sehr deutlich widerspiegelt, wie sehr der Schreiber diese Haltung verinnerlicht hat.

„Die Erzieherin, die die Entwicklung eines Kindes dokumentiert und damit die Eltern auf die von ihr wahrgenommenen Besonderheiten des Kindes hinweist, hat eine ungeheure Verantwortung. Sie konstruiert durch die Auswahl dessen, was sie bemerkenswert findet, die >Kitageschichte< des Kindes. Das tut sie zwar schon immer, bislang vielleicht nur verbal. Durch das schriftliche Dokumentieren ihrer Wahrnehmungen bekommen die Selektionen jedoch erheblich mehr Gewicht." (Jacobs, 2007, S. 45)

Dokumentationen entstehen immer aus dem Blickwinkel des Verfassers. Es ist also besonders wichtig, sich auf Augenhöhe mit dem Kind zu begeben, mit ihm in ständigem Austausch zu stehen und die Beobachtungen wertfrei zu formulieren. Nur so lassen sich Dokumentationen im Sinne des Kindes anfertigen.

Die heute meist verwendete Form der Dokumentation, das Portfolio, bietet Raum für **Berichte**, **Bilder** und **Fotos mit Kommentaren**, **ausgefüllte Kopiervorlagen** zu verschiedenen Themen bzw. Bildungsbereichen und natürlich auch **Lerngeschichten**, also Briefe an das Kind. Überlassen Sie die äußere Gestaltung bereits dem Kind, sobald es dazu fähig ist.

Welche Erzählperspektive wähle ich?

Überlegen Sie vor dem Anlegen eines Portfolios zunächst, wer das Portfolio anlegt und wer es zu lesen bekommt. Ist es ein **Kind-Portfolio** oder **Entwicklungs-Portfolio** (Ich-Buch, Bildungsbuch usw.), das vom Kind für das Kind erstellt wird, schildert das Kind seine Erlebnisse aus seiner eigenen Sicht. Da es das schriftlich noch nicht kann, schreiben Sie auf, was das Kind diktiert oder erzählt. Demnach schreiben Sie nicht *„Katrins Geburtstagsfeier"*, sondern *„Meine Geburtstagsfeier"*. Handelt es sich um ein **Buch über das Kind**, auch wenn es später mal das Kind bekommt, schreiben Sie aus Ihrer Perspektive, also *„Deine Geburtstagsfeier"*.

Buchtipp

Yvonne Wagner:
Der Weg zum Kita-Portfolio.
Schubi, 2009. (vormals im Bildungsverlag EINS)

Yvonne Wagner:
Portfolios in der Krippe.
Schubi, (2. Auflage) 2013

Von der Eingewöhnung bis in die Schule –

Mit Dokumentationen Übergänge gestalten

Nach der **Eingewöhnung** in der Krippe kann eine Lerngeschichte dokumentieren, wie das Kind es geschafft hat, sich allmählich auf die neue Umgebung und die neuen Bezugspersonen einzulassen. Dies hilft in erster Linie den Eltern, ihr Kind vertrauensvoll in die Hände der Erzieherinnen zu geben.

Wenn es Zeit wird, sich auf die Kindergartenzeit vorzubereiten, dienen die Lerngeschichten im Portfolio dazu, zurückzublicken, Ressourcen zu erkennen und **das Kind in seinem Lernen** zu **bestärken**. Mit drei Jahren versteht das Kind schon recht viel und wird sich das eigene Portfolio interessiert mit einer Erzieherin und auch mit den Eltern betrachten. Meist erinnern sich die Kinder bald an viele kleine Details und erzählen, soweit es ihnen sprachlich möglich ist, von ihren Empfindungen.

Der Rückblick durch das Portfolio hilft dem Kind beim Übergang in den Kindergarten, den Hort und die Schule, denn mithilfe der Dokumentation können Erzieherinnen Hinweise auf besondere **Interessen, Stärken und Wünsche** geben. Vor allem gibt das Portfolio Hinweise auf **individuelle Lernstrategien** des Kindes. Auch wenn die „neuen" Erzieherinnen und Lehrerinnen sich möglichst unvoreingenommen auf ihre Schützlinge einlassen sollten, ist es hilfreich, ein paar Dinge zu wissen, um den Start in der neuen Einrichtung zu erleichtern.

Das Portfolio bzw. Bildungsbuch und vor allem die Lerngeschichten an sich unterstützen den Übergang in die Schule außerdem, weil die Kinder selbst ihre **Lernentwicklung reflektieren** können. Sie erhalten dadurch einen Blick auf sich selbst als Lernende. Aber auch für die Erzieherinnen und Eltern bietet sich die Gelegenheit, die Kinder aus einer anderen **Perspektive** zu sehen – nämlich aus der der Kinder selbst.

Ein Konzept für alle? –

Inklusion, Hort und Tagespflege

Da die Dokumentation mit dem Portfolio ganz individuell ist, eignet sie sich für jedes Kind, ganz egal welchen Hintergrund es hat und in welcher Altersstufe es sich befindet. Lediglich die äußere Form ist anders, da das Kind sein Portfolio selbst gestaltet.

Inklusion

Portfolios, Bildungsbücher und mit ihnen die Lerngeschichten basieren auf dem pädagogischen Prinzip der Wertschätzung. Diese positive Haltung gegenüber dem Kind, seiner Einmaligkeit, seinen Fähigkeiten und seinen Möglichkeiten, ist die perfekte Voraussetzung für Inklusion. Wenn Erzieherinnen verstehen, dass sie für alle Kinder gleichermaßen unterstützend handeln und Bildungsräume schaffen, kann Inklusion funktionieren, denn das Erarbeiten von so individuellen Dokumentationen wie Portfolios und schließlich auch das Schreiben von Lerngeschichten macht keinen Unterschied zwischen den Kindern. Es ist gleich, welche Fähigkeiten und Fertigkeiten das Kind besitzt, ausschlaggebend ist der Blick auf das Lernen des Kindes, auf seine individuelle Entwicklung.

Dokumentieren im Hort

Grundschulkinder sind fähig, ihr Portfolio sehr **selbstständig** zu führen (**Kopiervorlage**, S. 47). Die Zeit vom Schuleintritt bis zum Ende der vierten Klasse ist eine sehr spannende Zeit, in der für Kinder viele wichtige Entwicklungsschritte stattfinden. Sie lernen immer selbstständiger und organisieren ihren Alltag allmählich auch immer mehr selbst. Freundschaften festigen oder verändern sich. Sprache und Kommunikation entwickeln sich weiter und auch das Schreiben wird zu einer wichtigen Basis für soziale Kontakte. Ein Hort-Portfolio sollte dem Kind viele Freiräume lassen. Die offene Gestaltung kann auch Einträge von anderen Kindern zulassen. Hier müssen die Richtlinien nicht so eng gesehen werden. Es geht vor allem um das Wahrnehmen und Wertschätzen des anderen und die Möglichkeit, dies zum Ausdruck zu bringen.

Neben den eigenen Einträgen der Kinder sind die Lerngeschichten das wichtigste Instrument im Hort-Portfolio. In folgenden Situationen eignen sich Lerngeschichten besonders gut als Beobachtungs- und Dokumentationsform:

- ✔ Eingewöhnung
- ✔ Rollenfindung
- ✔ Ablöseprozess vor dem Hortaustritt
- ✔ Hausaufgaben
- ✔ Essen
- ✔ Freies Spielen

Lernen findet nicht nur im Unterricht statt.

Beim freien Spiel können hervorragende Beobachtungen und Dokumentationen zum sozialen Miteinander, zur Kommunikation, zu Vorlieben und Interessen entstehen.

Die Hausaufgabensituation können Sie mithilfe von Lerngeschichten wunderbar gemeinsam mit dem Kind **reflektieren**: Das Kind erfährt, wie es während der Situation gewirkt hat, und erklärt im Gespräch seine Sicht. So lernt es, aus einer anderen Perspektive auf das eigene Tun zu sehen. Es gewinnt einen neuen Zugang zu seiner Hausaufgabensituation und kann den Lernprozess reflektieren. Überlegen Sie gemeinsam und erarbeiten Sie mögliche Lösungswege. Setzen Sie gemeinsam neue **Ziele** und planen Sie die **nächsten Schritte** für die zukünftige Hausaufgabensituation. Auf S. 46 finden Sie einen **Fragenkatalog**, der Ihnen dabei helfen soll, Ihre Beobachtungen während der Hausaufgabensituation zu dokumentieren.

Hausaufgaben – lästige Pflicht oder Chance?

Dokumentieren in der Tagespflege

Tagesmütter, die alleine arbeiten, haben es oft schwer, Zeit für ausführliche Dokumentationen zu finden, weil sie sich die Zeit für das Beobachten und Verschriftlichen nicht mit jemandem teilen können. Doch ist es auch in diesem pädagogischen Arbeitsfeld wichtig, Entwicklungsschritte festzuhalten. Gerade in der Tagespflege erwarten Eltern intensives Feedback zur Entwicklung ihrer Kinder.

Behelfen Sie sich in diesem Fall mit einfachen Portfolios, die überwiegend aus regelmäßigen, kurzen Lerngeschichten bestehen. Zusätzlich bieten sich **Fotodokumentationen** an, die mit wenig Zeitaufwand viel dokumentieren.

Für den Austausch über Beobachtungen zu den einzelnen Kindern können sich Tagespflegepersonen vernetzen. Regelmäßige Treffen ermöglichen es, kurze Beobachtungen zu den jeweils anderen Kindern zu machen und sich darüber auszutauschen. Wem das nicht möglich ist, sollte sich zumindest häufig mit den Eltern besprechen, bevor Beobachtungen, z. B. in Form von Lerngeschichten, in die Dokumentation einfließen.

Zu den Besonderheiten in der Tagespflege gehört der besonders enge Kontakt zwischen Eltern und Tagesmutter, der für beide Seiten eine Herausforderung darstellt. Für das Kind ist es wichtig, dass dieser Kontakt positiv, offen und wertschätzend ist, denn es nimmt die Stimmungen zwischen den Erwachsenen wahr und profitiert von einem **guten Austausch**.

Viele Eltern leiden darunter, die Entwicklung des Kindes nur sehr partiell zu erleben. Lerngeschichten geben den Eltern Einblicke in Momente des Tages, die sie verpassen. Über die Lerngeschichten und Fotodokumentationen erfahren sie, was das Kind erlebt und gelernt hat, und sie können sich direkt darüber mit dem Kind, aber auch der Tagesmutter austauschen.

Die Eltern haben so auch einen Einblick in das soziale Miteinander der Kinder bei der Tagesmutter. Meist holen sie ihr eigenes Kind ab und lernen die anderen Kinder kaum kennen. Über die Portfolio-Einträge erfahren sie, wie ihr Kind mit den anderen Kindern in Kontakt steht.

In der **Praxishilfe** auf der S. 46 finden Sie Situationen zu den einzelnen Bildungsbereichen, die sich besonders für die Dokumentation eignen. Die **Kopiervorlage** auf S. 48 bietet Ihnen einen Vordruck für die Anfangsseite eines Portfolios.

Tipp

Führen Sie ein Tagebuch, in das Sie alle Beobachtungen schreiben. So entsteht kein Zetteldurcheinander und Sie müssen nicht erst jedes Mal nach dem passenden Heft oder Vordruck suchen. Besonders eignen sich im Handel erhältliche Notizbücher mit integriertem Raster, sodass Sie für jedes Kind einen Bereich abtrennen können.

Spielen, entdecken und lernen in der Tagespflege.

Auf einen Blick

- Treten Sie mit dem Kind, aber auch den Eltern und Ihren Kolleginnen in Dialog.
- Verinnerlichen Sie eine positive und wertschätzende Haltung gegenüber jedem einzelnen Kind.
- Das Portfolio oder Bildungsbuch dokumentiert mithilfe von Berichten, Bildern und Fotos mit Kommentaren, ausgefüllten Kopiervorlagen zu verschiedenen Themen bzw. Bildungsbereichen und Lerngeschichten, also Briefen an das Kind.
- Ein Entwicklungs-Portfolio gehört dem Kind und wird von ihm gestaltet, soweit es das schon kann. Sie sind ihm dabei behilflich. Das Kind entscheidet, was in sein Portfolio aufgenommen wird.
- Handelt es sich um ein Portfolio, das vom Kind für sich selbst erstellt wird, schreiben Sie in der *„Ich-Form“*, da Sie dem Kind helfen, seine Erlebnisse aus der eigenen Sicht aufzuschreiben.
- Nutzen Sie die Dokumentation, um Übergänge zu gestalten.
- Wertschätzende Dokumentation in Form von Portfolios bzw. Bildungsbüchern eignet sich hervorragend, um Inklusion zu verwirklichen.
- Hortkinder können ihr Portfolio schon sehr selbstständig führen. Nutzen Sie die Dokumentation, um gemeinsam mit dem Kind Situationen zu reflektieren, neue Ziele zu setzen und die dafür notwendigen Schritte zu planen.
- Behelfen Sie sich in der Tagespflege mit regelmäßigen, kurzen Lerngeschichten und Fotodokumentation. Vernetzen Sie sich zum Beobachtungsaustausch mit anderen Tagespflegepersonen und pflegen Sie einen wertschätzenden Kontakt mit den Eltern.

Fragenkatalog für die Beobachtung einer Hausaufgabensituation im Hort

Hausaufgabensituation im Hort

Wann kommt das Kind in den Hausaufgabenraum?
Wie kommt es in den Raum (fröhlich, ruhig, trödelnd usw.)
Wie findet es zu sich und der Arbeit? (z. B. stellt Ranzen an den Platz, setzt sich, packt Hausaufgabenheft aus, schaut nach, packt Hefte, Stifte aus usw.)
Was passiert, wenn das Kind Fragen hat?
Was tut das Kind genau, wenn es abgelenkt wird?
Wie reagiert es auf Ermunterung?
Setzt es Hilfestellungen um?
Kann es selbst Lösungen finden?
Sucht es sich selbstständig Hilfe über Medien oder andere Kinder?
Wie verläuft der Hausaufgabenprozess genau?
Wie beendet es die Hausaufgaben?
Hat es meist alles erledigt?
Sind die Hausaufgaben sorgfältig erledigt?

Situationen, die sich für die Dokumentation in der Tagespflege eignen

Soziales Miteinander

gemeinsam essen, Zähne putzen, spielen, sich gegenseitig helfen in der Garderobe

Kommunikation, Sprache, Literacy

„Erzähl mir, wohin die Wolken ziehen!" – Kinder denken sich Fantasiegeschichten aus, Bilderbücher gemeinsam betrachten und darüber sprechen

Bewegung, körperliche Fähigkeiten, Gesundheit

Hindernislaufen, barfuß gehen im Freien, Bewegungslandschaften

Musische und ästhetische Bildung

malen mit und nach Musik, singen, tanzen

Naturwissenschaft, Technik, Mathematik

schütten mit Flüssigkeiten, Sand und Erde, stapeln und bauen, backen und kochen

Natur, Umwelt

Sachen suchen im Wald und auf der Wiese, z. B. nach Farben, Formen

Mein Name ist ______________________

Heute ist der ______________________

Klebe hier ein Foto von dir ein!

Das bin ich!

Ich bin ____ Jahre alt und gehe in die Klasse

____

Meine besten Freunde sind

____

____

Am liebsten esse ich

____

____

Ich kann besonders gut

____

____

Zurzeit interessiere ich mich besonders für

____

____

Das wünsche ich mir für die Hortzeit:

____

____

Was es sonst noch über mich zu erzählen gibt:

____

____

____

____

____

____

____

____

____

____

____

Name des Kindes: ______________________

Heute ist der ______________________

Foto des Kindes einkleben

Das bin ich!

Ich bin ______ Monate alt.

____

Am liebsten spiele ich mit

____

____

Am liebsten esse ich

____

____

Ich kann besonders gut

____

____

Zurzeit interessiere ich mich besonders für

____

____

Was es sonst noch über mich zu erzählen gibt:

____

Mein Handabdruck

4. Ein Brief an das Kind – So schreibe ich eine Lerngeschichte

Was ich vor dem Schreiben wissen sollte –

Grundlagen und Prinzipien

„Bei dem Ansatz der Bildung- und Lerngeschichten geht es darum, Geschichten über die Lernprozesse eines Kindes anzufertigen. Mit Hilfe einer genauen schriftlich festgehaltenen Beobachtung der Tätigkeiten eines Kindes, die interpretiert und mit dem Kind selbst, seinen Eltern und den Kolleginnen diskutiert wird, versuchen die pädagogischen Fachkräfte zu verstehen, welche Interessen das Kind hat, mit welchen Mitteln es diese verfolgt und wie es in seinen Lernprozessen voranschreitet. Im Unterschied zu standardisierten Beobachtungsverfahren geht es bei den Bildungs- und Lerngeschichten nicht um die Feststellung des Entwicklungsstandes oder um eine exakte Diagnostik. Im Zentrum des Interesses steht das Konzept der Lerndispositionen, mit dessen Hilfe Lernstand und -fortschritte des Kindes beschrieben werden können. Damit werden Handlungsmuster bezeichnet, die für das individuelle Lernen bzw. für die Auseinandersetzung mit Lernmöglichkeiten wichtig sind“ (Flämig et al, 2009, S. 9).

Die Bildungs- und Lerngeschichten sind aber eigentlich gar keine Geschichten. Wie so oft ist hier die Übersetzung mit schuld an einem verfälschten Namen. **„Learning stories“**, wie es im Englischen heißt, bezeichnen eigentlich Texte an und für Kinder. Diese können in Berichtform oder Briefform verfasst werden.

Briefe sprechen Kinder direkt an. Sie entsprechen der pädagogischen Haltung von Erzieherinnen, die mit wertschätzendem Blick beobachten und mit Achtung diese Beobachtungen formulieren.

Das Instrument oder Verfahren „Lerngeschichte“ beruht auf sechs Säulen:

- ✔ Beobachten
- ✔ Auswerten nach bestimmten Lerndispositionen
- ✔ Sprechen/Reflektieren mit dem Kind, involvierten Kolleginnen und Eltern
- ✔ Planen von weiteren Schritten, Anregungen und Impulsen
- ✔ Schreiben der Lerngeschichte
- ✔ Vorlesen der Lerngeschichte

Beobachtungen

„Im Verfahren der ‚Bildungs- und Lerngeschichten‘ bilden die alltäglichen Aktivitäten des Kindes den Beobachtungsgegenstand. Ziel dieser prozessorientierten Herangehensweise ist es, die Handlungen zu verstehen und die individuellen Lernprozesse des Kindes zu erkennen. Dementsprechend erfolgt die Beschreibung des Handlungsverlaufs ohne im Voraus festgelegte standardisierte Kriterien. Eine Strukturierung der zunächst ‚freien‘ Beobachtung erfolgt erst in einem zweiten Schritt durch die Auswertung anhand der Lerndispositionen und in der Fokussierung“ (Flämig et al, 2007, S. 67).

Grundlage der Bildungs- und Lerngeschichten sind **Beobachtungen** über mehrere Tage. Es ist sinnvoll, die Beobachtungen z. B. an drei hintereinanderfolgenden Tagen anzusetzen. Folgt bereits am dritten oder vierten Tag die Auswertung der Beobachtungen, können Sie den Brief spätestens am fünften Tag schreiben und am sechsten vorlesen: Eine Zeitspanne von einer Woche ist für Kinder gerade noch nachvollziehbar. Sie leben und lernen im Moment und das stete neue Erleben verdrängt schnell, was gerade noch aktuell und wichtig war.

Tipp

Um mehr Objektivität zu gewährleisten, wechseln Sie sich beim Beobachten mit einer Kollegin ab. Beobachten Sie das Kind am Montag und Mittwoch, Ihre Kollegin am Dienstag.

Fotografieren Sie, wenn möglich, jede beobachtete Situation. Fotos zu den Bildungs- und Lerngeschichten sind wichtig, da besonders jüngere Kinder mit reinen Textseiten noch nichts anfangen können. Ein Foto reicht. Mehrere Bilder in Folge können sogar den Entwicklungsprozess zeigen. Skizzen, Zeichnungen und Muster können aber auch eine Textseite in Erinnerung rufen.

Kinderzeichnungen, auch solche, die im Dialog über die Beobachtung entstanden sind, unterstützen die Dokumentation. Hier ist ein persönlicher Kommentar des Kindes interessant. Sie können jeden Brief an ein Kind sehr individuell gestalten: Kleben Sie z. B. ein Stück der Wolle ein, mit der das Kind gewebt hat. So hat es auch ein haptisches Erlebnis und erinnert sich sicher noch besser an die Situation.

bis es auf der anderen Seite wieder heraus kam. So hast du nun weiter gearbeitet. Zwischendurch hast du mit dem Kamm die Reihen zurecht geschoben.

Während du gearbeitet hast, kam Lina zu dir an den Tisch und hat sich angesehen, was du machst. Du hast kurz aufgesehen. Doch ich hatte den Eindruck, du warst so in deine Arbeit vertieft, dass du gar nicht mit ihr sprechen konntest. Lina ist dann wieder gegangen und du hast weitergewebt.

Ich bin schon gespannt, wie dein fertiges Webstück aussehen wird und wie es sich anfühlt. Du hast weiche Wolle ausgesucht und viele verschiedene Farben verwendet. Magst du gerne bunte Farben und Muster?

Vielleicht hast du Lust, noch einmal zu weben oder magst du aus deinem Webstück etwas nähen? Ich helfe dir gerne dabei, wenn du möchtest.

19. April 2013

Deine Silvia

Ein Brief zum Anfassen ruft Erinnerungen wach.

So geht's

Beginnen Sie vor der eigentliche Beobachtung damit, die **Ausgangslage** zu beschreiben: Raum, Kinder, Gegenstände, das Wetter, wenn die Kinder draußen sind usw. Auch eine Skizze ist möglich und hilfreich.

Beginnen Sie nun mit der eigentlichen Beobachtung. Beschreiben Sie den **Handlungsverlauf** so, wie Sie ihn wahrnehmen, also ohne an Kriterien oder Prinzipien zu denken. Schreiben Sie einfach drauf los! Haben Sie keine Scheu und notieren Sie, möglicherweise in Stichpunkten, was Sie beobachten. Halten Sie dabei auch Monologe, Dialoge, alle relevanten Äußerungen und **Gespräche** der Kinder fest.

Achten Sie auf **Mimik und Gestik**. Vor allem bei jüngeren Kindern, die noch nicht richtig sprechen können, oder auch bei Kindern mit einer anderen Muttersprache ist es wichtig, ihren körperlichen Ausdruck festzuhalten.

Das Aufschreiben von Gesprächen braucht Übung. Vor allem gleichzeitiges, aufmerksames Zuhören und Zusehen ist nicht ganz einfach. Sie müssen Wahrnehmungen ergänzen, nachdem Sie den Dialog notiert haben. Kürzen Sie Namen nur mit den Anfangsbuchstaben ab und schreiben Sie in Stichpunkten.

Beispiel

Situation:

Marlene und Emma unterhalten sich. Marlene redet dabei schnell und undeutlich.

Marlene sagt: „Ich war mit meinem Papa im Wald und habe Schwammerl gesucht und wir haben ganz viele gefunden und auch noch ganz viele Schneckenhäuser."

Emma erwidert: „Was sind Schwammerl?"

Beobachtung in Stichpunkten:

M+E. M redet schnell + undeutlich.

M: Ich war mit meinem Papa im Wald und habe Schwammerl gesucht und wir haben ganz viele gefunden und auch noch ganz viele Schneckenhäuser.

E: Was sind Schwammerl?

Notieren Sie das Gesprochene eher genau, um den Wortlaut festzuhalten. So haben Sie einen Eindruck vom Wortschatz und der Sprachgewandtheit des Kindes.

Schreiben Sie so bald wie möglich **erste Aufzeichnungen** als Beobachtung nieder. Falls Anmerkungen nötig sind, achten Sie darauf, nicht zu interpretieren oder die erste Beschreibung zu verändern. Formulieren Sie so, dass alle Leser sich vorstellen können, was geschehen ist. Auch Sie selbst werden nach ein paar Wochen nicht mehr alle Details des Handlungsablaufes wissen. Daher achten Sie darauf, nichts auszulassen, und schreiben Sie lieber viele Kleinigkeiten auf, als etwas Wichtiges zu übersehen.

Beispiel

Ausgangssituation:

Max spielt allein auf dem runden Bauteppich im Gruppenraum mit einem Auto.

Beschreiben Sie möglichst konkret statt allgemein. Wie spielt er mit dem Auto? Mit was für einem Auto spielt er?

Max bewegt sich auf Knien und der linken Hand (krabbelt) vorwärts, in der rechten Hand hält er ein kleines, rotes Auto und schiebt es vorwärts. Dabei schiebt er es genau an der Randlinie des Teppichs entlang. Er „fährt" so einmal um den runden Teppich herum. Dabei brummt er leise, ähnlich wie ein Automotor.

Die Situation verändert sich. Liam kommt zum Teppich. Er schiebt eine Kiste mit Bauklötzen vor sich her und hebt sie auf den Teppich. Max befindet sich gerade auf der gegenüberliegenden Seite des Teppichs. Liam schütten die Bauklötze auf den Teppich und stellt die Kiste hinter sich darauf. Er sammelt die Klötze ein, die auf den Fußboden gefallen sind. Gleich werden die Kinder und ihre Spielsituationen aufeinander treffen, denn Max' Runde ist fast bei Liam angelangt. Was bedeutet das für die Beobachterin? Sie beobachtet immer noch Max und muss auch nur dies Beschreiben. Dass Liam hinzukam, kann sie in einer kurzen Anmerkung später einfügen, wenn ihr das wichtig erscheint, aber es ist nicht nötig. Sie sollte sich voll und ganz auf Max' Handlungen konzentrieren.

Max hält an und schaut vor sich. Da sitzt Liam. Auf dem Teppich liegen Bauklötze verteilt. Max „fährt" sein Auto nah an die Klötze heran und „hupt" laut: „Tuut-tuut". Dabei sieht er auf sein Auto. Er wirkt vollkommen konzentriert auf sein Spiel mit dem Auto.

Übung

Sprechen Sie in Kleingruppen darüber, wie die Situation zwischen Max und Liam sich entwickeln könnte. Entscheiden Sie sich in jeder Gruppe für eine Situation.

Führen Sie den Beobachtungstext zu Max fort.

Vergleichen Sie die entstandenen Texte.

Sind alle Beschreibungen auch wirklich reine Beobachtungsbeschreibungen von Max und seinem Verhalten?

Nach der Beobachtung

Nachdem Sie Ihre Beobachtung leserlich ausformuliert haben, werten Sie sie aus, am besten in Absprache mit einer Kollegin, die das Kind ebenfalls mindestens ein Mal beobachtet hat. So ist gewährleistet, dass subjektive Wahrnehmungen und Befindlichkeiten, soweit es geht, ausgeschlossen werden. Hier können Ihnen die Lerndispositionen eine Hilfe sein.

Zusätzlich können Sie auch mit dem Kind sprechen, z. B. um nachzufragen, warum es etwas genau so gemacht hat, wie Sie es beobachtet haben. Auch die Eltern sind gute Gesprächspartner für den Austausch über eine Beobachtung. Insbesondere, wenn es um die Eingewöhnung in der Krippe oder Kita geht, sollten sie in Beobachtungs- und Dokumentationsprozesse einbezogen werden.

Lerndisposition als Analysehilfe

Das Verfahren der Lerngeschichten beruht auf den Erkenntnissen von **Margaret Carr**. Sie hat für **„learning stories"** fünf **Lerndispositionen** herausgestellt. Diese dienen als Leitfaden, um Beobachtungen auszuweisen und entsprechende Lerngeschichten zu schreiben.

- ✔ Interessiert sein
- ✔ Engagiert sein
- ✔ Standhalten
- ✔ Sich ausdrücken und mitteilen
- ✔ An einer Lerngemeinschaft mitwirken

Gut zu wissen

Das englische Wort „disposition" kann grob als Veranlagung, Neigung, Tendenz oder Naturell übersetzt werden.

Interessiert sein

Interessiert sein bedeutet, dass das Kind Interesse an Dingen, Menschen, Tieren, Handlungen, Tätigkeiten usw. zeigt.

Das Interesse von Kindern kann sehr unterschiedlich ausgeprägt sein. Das eine Kind hat seine Augen und Hände überall, ist sofort dabei, wenn es etwas Neues zu entdecken gibt. Ein anderes Kind hat nur sehr spezielle Interessen, z. B. Personen. Spielsachen lässt es links liegen, wenn es sich dafür mit einer Person beschäftigen, sie beobachten und mit ihr kommunizieren darf. Personen sind dann für das Kind das Vorbild zum Lernen, während andere gerade im Tun, im Ausprobieren lernen.

Die unterschiedlichen Ausprägungen von Interessen müssen nicht verglichen und damit gewertet werden. Für die Beobachtung und Dokumentation gilt es, herauszufinden, ob Interesse vorhanden ist und wenn ja, wofür.

© Zurijeta – Shutterstock.com

Das Netz ist aber interessant!

Engagiert sein

Das Kind, dessen Interesse geweckt ist, bemüht sich darum, mehr herauszufinden. Es vertieft sich in eine Handlung, ein Erforschen, Erkunden oder Ausprobieren. Manche Kinder beobachten aus der Ferne eine Situation, die sie interessiert. Dabei verfolgen sie ganz genau, was passiert. Sie lassen sich währenddessen von nichts ablenken, sind konzentriert, bis sie das Interesse an der Situation verlieren oder sich diese auflöst. Das kann genauso als Engagiertheit im Sinne von Lernwillen gesehen werden wie aktives Handeln.

Für die Beobachtung und Dokumentation ist wichtig, herauszufinden: Was tut das Kind, um sein Interesse, seine Neugier, zu befriedigen? Beobachtet es? Erforscht es durch Anfassen? …

© Poznyakov – Shutterstock.com

Mal sehen, wie es sich anfühlt, wenn ich mich in die Bälle schmeiße.

Standhalten

Ein Kind, das sich in einen Lernprozess vertieft, tut dies zunächst einfach aus dem Trieb oder Bedürfnis heraus, es zu tun. Ein konkretes, bewusst gesetztes Lernziel steht vermutlich nicht im Vordergrund. Das Kind sagt sich nicht: „Das will ich jetzt lernen oder wissen." Es tut etwas um des Tuns willen.

Tritt schließlich ein Erfolgserlebnis ein, z. B. eine neue Erkenntnis, funktioniert dies wie eine Belohnung. Das Kind freut sich über die Erkenntnis. Es fühlt sich wohl damit. Vielleicht tüftelt es weiter, vielleicht verbucht es den Erfolg und widmet sich neuen Interessen. Auf jeden Fall wird es das gute Gefühl „speichern" und sich das Gelernte merken.

Es dient als Antrieb für weiteres Vertiefen in viele neue Problematiken und Aufgaben. Was aber, wenn kein Erfolg eintritt? Der Turm will einfach nicht stehen bleiben, die Jacke geht nicht zu. Jetzt zeigt sich, wie groß der Wille des Kindes ist, weiterzulernen, sein Ausprobieren zum Ziel zu führen.

Während der Beobachtung sind folgende Fragen im Hinblick auf das Standhalten hilfreich:

- ✔ Wie stark ist die Ausdauer des Kindes, am Problem dranzubleiben, um es zu lösen?
- ✔ Hält das Kind den Widrigkeiten stand?
- ✔ Kann es Misserfolge überwinden und an seinem Tun festhalten?
- ✔ Wann gibt es auf?

Sich ausdrücken und mitteilen

Was im Allgemeinen mit Kommunikationsfähigkeit bezeichnet wird, bezieht sich hier direkt auf den Lernweg des Kindes. Zu beobachten ist in der bestimmten ausgewählten Situation nicht die grundsätzliche Fähigkeit, sich anderen mitzuteilen. Hier geht es darum, ob das Kind seine neu gewonnenen Erkenntnisse mitteilen kann. Kann es Fragen stellen, um mehr zu erfahren? Kann es seine Gefühle auszudrücken, die es bei diesem Lernprozess hatte?

Ein Kind hat sich z. B. gerade das erste Mal alleine beim Schaukeln angeschubst. Es ist aufgeregt und freut sich über seinen Erfolg. Es erzählt anderen Kindern davon: *„Ich kann jetzt schaukeln. Ganz alleine!"* Dabei hebt es die Stimme und strahlt über das ganze Gesicht. Es ist ihm anzusehen, wie schön dieses Ereignis ist. Die Erzieherin fragt nach: *„Wie hast du es geschafft?"* Das Kind überlegt einen Moment. Dann sagt es: *„Ich habe immer geschaukelt. Und ich habe meine Füße vorgestreckt, ganz weit. Und zurück hab ich die Füße nach hinten gemacht. Und dann habe ich auf einmal von alleine geschaukelt."*

Das Kind hat sich gemerkt, wie ihm das Schaukeln gelungen ist, und es so in Worte gefasst, dass es auch für andere gut verständlich ist.

An einer Lerngemeinschaft mitwirken

Alleine können sich die meisten jüngeren Kinder sehr intensiv mit etwas beschäftigen. Sie versinken förmlich in Ihrem Tun, aber gelingt es ihnen auch, in einer kleinen Gruppe zu lernen? Schaffen sie es, ihre Interessen durchzusetzen, Kompromisse einzugehen, abzuwarten und zurückzustecken?

„Teamwork" muss geübt werden und es braucht viele Gelegenheiten, bis ein Kind sich selbst in einer Gruppe behaupten kann, ohne die anderen zu übersehen, zu übergehen oder selbst zurückzustecken.

Schau mal! So geht das.

Soziales Verhalten beinhaltet auch, das Übernehmen von **Verantwortung,** sei es für ein anderes Kind, sich selbst oder auch für eine Aufgabe, eine Tätigkeit. In einer Lerngemeinschaft lernen Kinder nicht nur gemeinsam. Sie lernen auch voneinander. Dafür müssen die Kinder aber offen sein und aufmerksam beobachten, wie sich die anderen Kinder verhalten.

Groß und Klein spielen und lernen zusammen

BEISPIEL

Drei Kinder haben entdeckt, dass ein Rinnsal den Weg herunterfließt. Ein Kind beginnt, Steine entlang des Wasserweges zu legen. Die beiden anderen tun es ihm gleich. Einer schlägt vor, das Wasser zu stauen. Alle sind einverstanden. Der Erste übernimmt die Führung und zeigt den anderen, wo und wie das Stauen am besten funktioniert. Dabei lässt er sich auf Vorschläge der beiden anderen ein. Sie bauen weiter und beobachten, wie sich das Wasser staut.

Tipp

Werten Sie Ihre Beobachtungen aus und berücksichtigen Sie dabei die fünf Lerndispositionen nach Margaret Carr. Sie können aber auch eine Lerngeschichte schreiben, wenn Sie Ihre Beobachtungen nach anderen Kriterien analysieren. Wichtig ist, dass Sie verschiedene Aspekte des Lernens berücksichtigen.

Weitere Schritte, Anregungen und Impulse

Nach der Auswertung überlegen Sie, wenn möglich, wieder gemeinsam, welche Lernschritte für das Kind anzustreben sind.

Folgende Fragen können Ihnen dabei helfen:

- ✔ Wo sollte das Kind ansetzen?
- ✔ Welche Impulse können wir geben?
- ✔ Wie können wir das Kind noch mehr unterstützen, seine Ziele zu erreichen?
- ✔ Wie können wir Interessen des Kindes stärken und helfen, Fähigkeiten weiter auszubauen?
- ✔ Wo stößt das Kind an seine Grenzen und wie können wir es ermuntern, diese zu durchbrechen?

Auf einen Blick

- Beobachten Sie ein Kind und beschreiben Sie das Verhalten genau dieses einen Kindes.
- Werten Sie Ihre Beobachtungen nach bestimmten Kriterien, wie den Lerndispositionen, aus, indem Sie verschiedene Aspekte des Lernens berücksichtigen.
- Besprechen und reflektieren Sie die Beobachtungen mit dem Kind, involvierten Kolleginnen und den Eltern.
- Planen Sie im Team weitere Schritte, Anregungen und Impulse.

Lerngeschichten schreiben Schritt für Schritt –
So geht es

Auch wenn es Bildungs- und Lerngeschichte heißt, Sie schreiben einen **persönlichen Brief an das Kind**. Der Brief beinhaltet die Lerngeschichte des Kindes. Im Prinzip ist der Begriff „Geschichte" hier Stellvertreter für die Form, die im Aufbau einer einfachen Geschichte entspricht:

- ✔ Einleitung
- ✔ Hauptteil
- ✔ Schluss

Dennoch gilt es, gewisse Formalien zu beachten, die für einen Brief typisch sind.

Es empfiehlt sich, die Lerngeschichte zunächst in einen Vordruck (z. B. **Kopiervorlage** auf S. 74) oder am PC zu schreiben, um sie in der Kita aufbewahren zu können. Für das Kind selbst schreiben Sie die Geschichte von Hand oder am PC. Verwenden Sie Briefpapier (z. B. **Kopiervorlagen** auf S. 75–76) oder einfaches Schreibpapier, das Sie selbst gestalten. Achten Sie aber darauf, dass Sie mit der Ausgestaltung Bezug auf den Inhalt des Briefes nehmen. Beim folgenden Beispiel könnten Sie Wollreste aufkleben und natürlich Fotos des Webstücks oder des Kindes beim Weben.

Tipp

Orientieren Sie sich beim Schreiben von Lerngeschichten an den ***Praxishilfen*** *auf S. 57–58!*

Einleitung

Beginnen Sie den Brief mit einer Begrüßung bzw. Anrede. „Liebe …" bzw. „Lieber …" eignet sich für Kinder am besten.

Erzählen Sie kurz, warum Sie den Brief schreiben, wie die Beobachtung zustande kam oder was Sie bewegt, gerade jetzt einen Brief an das Kind zu schreiben.

Beispiel

„In den letzten Wochen hast du dich mit dem Weben am Webrahmen beschäftigt."

Hauptteil

In den Hauptteil schreiben Sie die Erkenntnisse aus der ausgewerteten Beobachtung. Schildern Sie die Punkte aus der Beobachtungssituation, die für das Kind wichtig sind. Konzentrieren Sie sich also auf die Lernschritte und die Entwicklungsmomente, auf besondere Ereignisse und Momente sowie bemerkenswerte Erkenntnisse, die das Kind während der Beobachtung erworben hat.

„Zuerst hast du Wolle auf ein Schiffchen aufgewickelt."

Beschreiben der Lernentwicklung:

„Ich konnte sehen, dass dir das Weben immer mehr Freude machte. Du hast dir gleich morgens den Webrahmen geholt und selbstständig weitergearbeitet. Besonders das gleichmäßige Ziehen des Fadens ist dir gut gelungen. Auch hast du dir genau überlegt, welche Farben du aussuchst, damit dein Webstück ein schönes Muster bekommt."

Schluss

Abschließend stellen Sie etwas in Aussicht, was das Kind noch lernen könnte. Oder Sie stellen eine Frage, die auf das nächste Lernziel abzielt.

„Wenn du magst, kann ich dir zeigen, wie du aus deinem Webstück eine kleine Tasche nähen kannst."

Beenden Sie den Brief mit verabschiedenden Worten, wie „Deine Marie", und vergessen Sie nicht, das Datum auf den Brief zu schreiben.

So formulieren Sie Lerngeschichten

Sprechen Sie das Kind immer direkt an!

„Gestern hast du mit mir Kuchen gebacken."

Formulieren Sie kindgerecht!

Vermeiden Sie unnötige Füllwörter, Adjektive und Ausschmückungen sowie Verschachtelungen:

„Gestern, so ungefähr am Nachmittag, hast du, süße Maus, mit mir in unserer Kita-Küche einen leckeren, großen Kuchen gebacken."

„Gestern, ca. um 14.30 Uhr, haben du und ich, deine Gruppenerzieherin, einen Schokolade-Nuss-Napf-Kuchen mit Biodinkelmehl gebacken."

Formulieren Sie positiv und wertschätzend!

Sie möchten das Kind zum Weiterlernen motivieren und Ihre Achtsamkeit dem Kind gegenüber ausdrücken. Heben Sie Fähigkeiten, Stärken und Interessen des Kindes hervor. Das heißt aber nicht, dass Sie loben sollen oder gar übertreiben, um das Kind positiv zu bestärken. Es bedeutet viel mehr, konkretes Handeln anzuerkennen, wie z. B.:

„Du hast heute wieder selbstständig deinen Platz aufgeräumt. Du siehst genau hin und gehst erst weg, wenn du wirklich alle Malsachen an ihren Platz zurückgestellt hast."

Werten Sie nicht!

Vielleicht würden Sie gerne sagen: „Das war super!" oder „Das hast du gut gemacht!" Doch Sie merken es selbst: Ein Lob bedeutet auch eine Wertung. Was, wenn das Kind einmal nicht ganz so gründlich aufräumt? Ist es dann schlecht? Es steht Ihnen nicht zu, eine Beurteilung abzugeben, ob ein Kind gut oder schlecht handelt. Was Sie aber mitteilen dürfen und sollen, sind Ihre Wahrnehmungen und Empfindungen, aber bitte nur, wenn sie auch ehrlich sind. Haben Sie sich gefreut, als das Kind selbstständig aufgeräumt hat? Warum? Worüber? Wie hat es sich angefühlt?

„Ich habe mich darüber gefreut, dass du selbst dran gedacht hast, deinen Platz aufzuräumen. Mir ist es nämlich sehr wichtig, dass wir alle Ordnung im Gruppenraum halten. Du achtest sehr genau darauf, dass die Malsachen an ihrem Platz sind. So können wir alles gleich wiederfinden und jederzeit malen, wenn wir möchten."

Ein weiteres Beispiel zeigt, dass es für das Kind wichtig ist, dass Sie es in seinem Streben nach Weiterentwicklung wahrnehmen und ernst nehmen. Lob oder Tadel sind da fehl am Platz:

„Du kannst schon gut deine Jacke allein anziehen, wenn du dich richtig anstrengst, aber beim Reißverschluss brauchst du noch Hilfe."

Offenbar macht es das Kind noch nicht gut genug?

Formulieren Sie „Ich-Botschaften"!

„Ich habe gesehen, dass du versucht hast, deine Jacke alleine anzuziehen. Du hast erst die Ärmel herausgeholt und bist hineingeschlüpft. Der Reißverschluss ging nicht zu. Er hat geklemmt. Du hast Jonas um Hilfe gebeten. Er hat es geschafft, den Haken richtig einzuhängen. Du hast den Reißverschluss bis ganz oben zugezogen. Ich glaube, nächstes Mal wird es bestimmt einfacher, weil du jetzt schon geübt hast, die Jacke alleine anzuziehen."

Wertschätzend formulieren

Abwertendes Formulieren fällt uns meist leichter, als wertschätzende Sätze zu bilden.

„Das kannst du besser!" – Also war es schlecht?

„Heute hast du das gut gemacht!" – Und gestern habe ich es schlecht gemacht?

„Sei doch mal still!" – Bin ich denn immer laut? Störe ich dich so sehr?

Wer sich damit beschäftigt, seine Sprache hinsichtlich der Wertschätzung und Anerkennung seines Gegenübers zu verbessern, stößt bald auf den Begriff **„Ich-Botschaften".**

Als Ich-Botschaften bezeichnet man Formulierungen, die Gefühle, Bedürfnisse und Eindrücke beschreiben. Dabei schreibt der Autor aus seiner (inneren) Sicht. Das Schwierige daran ist, diese Sicht so auszudrücken, dass keinerlei Forderungen, Unterstellungen und Wertungen enthalten sind.

„Ich habe das Gefühl, du verstehst nicht, was ich sage."

Hier benutzt der Schreiber zwar das Wort „Gefühl", aber er beschreibt nicht, was er fühlt. Er unterstellt vielmehr dem Gegenüber, nicht zu verstehen, was er sagt. Wenn der Schreiber sich nicht verstanden fühlt, sollte er überlegen, was er wirklich fühlt und was sein Bedürfnis dabei ist.

„Ich weiß nicht, ob ich es verständlich erklärt habe."

Zusätzlich kann eine Bitte, ein Wunsch geäußert werden, indem der Schreiber sagt, was er braucht:

„Kannst du mir bitte sagen, was ich anders erklären soll?"

Ganz einfach wäre auch die klare Frage, ganz ohne Vorwurf:

„Hast du etwas nicht verstanden?"

Übung

Im Kita-Alltag stoßen Sie häufig auf Situationen, in denen Sie üben können, Ich-Botschaften zu formulieren. Achten Sie ab sofort mehr auf Ihre Sprache, Ihre Haltung zum Gegenüber und Ihr Gefühl, während Sie etwas sagen!

Ich sehe etwas anderes als du.

„Du kannst einfach nicht still sitzen. Immer wenn wir im Stuhlkreis zusammenkommen, störst du. Wahrscheinlich willst du gar nicht mit uns mitmachen."

Stellen Sie sich vor, Sie sind ein Kind und hören das. Wie fühlen Sie sich, wenn diese Aussage gegen Sie gerichtet ist?

Hier sagt jemand einem Kind, was es in seinen Augen falsch macht. Das Kind wird bewertet und in diesem Fall entwertet. Es steht als schlecht, falsch und unwürdig da. Ich-Botschaften hingegen bieten die Möglichkeit, sein eigenes Empfinden auszudrücken. Allerdings funktioniert das nur wirklich, wenn der Sprechende auch meint, was er sagt. Es gehört eine wertschätzende und annehmende Haltung dazu, um Ich-Botschaften auch ehrlich zu formulieren. Das heißt, man muss sich auch selbst beobachten. In diesem Fall sollte die Erzieherin sich fragen:

- ✔ *Was macht es mit mir, wenn das Kind unruhig ist?*
- ✔ *Was will ich?*
- ✔ *Was brauche ich, damit ich mich in der Situation wohler fühle?*
- ✔ *Was kann ich tun?*
- ✔ *Worum kann ich das Kind bitten?*

Übung

Üben Sie anhand folgender Beispiele, wertschätzend zu formulieren. Spielen Sie dann in kleinen Rollenspielen Gespräche durch und diskutieren Sie in der Gruppe, wie die Gesprächspartner ihre Ich-Botschaften formuliert haben.

1. *Sie lesen aus einem Bilderbuch vor. Marc unterbricht Sie immer wieder und fragt etwas oder erzählt, was er sieht. Sie gehen zunächst auf ihn ein, bitten ihn dann aber, zu warten, bis Sie fertig vorgelesen haben. Es hilft nichts. Marc muss sich sofort äußern. Sie verlieren die Geduld und sagen: „Jetzt sei doch mal still!"*
2. *Eine Mutter und ein Kind können sich morgens schwer trennen. Irgendwann sind Sie es leid, das tägliche Drama mitanzusehen, und sagen: „Sie müssen jetzt mal konsequent sein und sofort gehen. Sonst klappt das nie!"*
3. *Laura malt mit Wasserfarben. Auf dem Bild sieht man eine blaue Fläche und einen kleinen, gelben Klecks. Sie sagt: „Schau mal, schön, gell?!" Sie erwidern: „Oh, ja, das hast du schön gemalt. Was ist das?" Laura: „Ein Wasser und die Sonne." Sie sagen: „Mal doch noch Fische in das Wasser und Wellen. Dein Bild ist noch so leer."*

Übung macht den Meister

Schauen Sie sich das **Praxisbeispiel** auf S. 62, an. Der Brief ist schwer zu lesen. Die Buchstaben sind dicht aneinander gedrängt und kaum zu entziffern. Das ist dann problematisch, wenn der Brief von einer Kollegin oder auch den Eltern gelesen werden soll. Die kleinen Schmuckbildchen wirken unpassend. Sie haben keinen Bezug zum Inhalt des Briefes und sind kindlich, spielerisch. Das wirkt unprofessionell.

Lesen Sie den Brief gleich noch einmal durch und überlegen Sie, was Sie ändern würden! Natürlich ist es auch jetzt schon ein Brief, aber er entspricht nicht den Richtlinien für eine kindgerecht, wertschätzend formulierte Lerngeschichte. Es wird gelobt: *„Du kannst jetzt schon gut weben."* und beurteilt *„schönes Webstück", „schöne Muster".*

Abgesehen davon, sind folgende Verbesserungen möglich:

- **Zeitform:** Schreiben Sie so, wie Sie es dem Kind auch erzählen würden:

  „Letzte Woche habe ich dir zugesehen, wie du Weben geübt hast."

- **Satzbau:** Vereinfachen Sie durch Kürzen:

  „Letzte Woche habe ich dir beim Weben zugesehen."

  Dann stimmt Ihr Bericht auch wieder mit Ihrer Beobachtung überein, denn Sie haben gesehen, dass das Kind webt, nicht dass es weben übt.

- **Optik:** Die Schrift ist sehr unruhig und unleserlich. Es sind so viele kleine Bildchen auf dem Papier, dass schwer zu erkennen ist, was eigentlich das Wichtige ist.

Übung

*Beachten Sie die genannten Kritikpunkte, und formulieren Sie den Brief neu. Beachten Sie dabei die Vorgaben der **Praxishilfe** auf S. 58. Lesen Sie sich anschließend gegenseitig vor, was Sie geschrieben haben und diskutieren Sie über die Vor- und Nachteile der verschiedenen Versionen.*

*Auf S. 63 finden Sie den Brief mit einem angemessenen Wortlaut. Vielleicht finden Sie als Team dennoch auch hier noch Möglichkeiten, den Brief zu verbessern. Das **Praxisbeispiel** auf S. 64–65, zeigt, wie der Brief handschriftlich angemessen gestaltet werden kann.*

Gut zu wissen

Auf den folgenden Seiten finden Sie Praxisbeispiele, Übungen und Kopiervorlagen für Beobachtungen, Auswertungen nach Lerndispositionen und das Erstellen von Lerngeschichten, die Sie alleine oder im Team bearbeiten können.

Lerngeschichte „Weben“ handgeschrieben, Version 1

Liebe Vanessa!

Letzte Woche sah ich dir zu, wie du das Weben übtest. Ich habe dich daran erinnert, denn du hattest vergessen, das du Weben üben wolltest. Dann gabst du dir aber viel Mühe und stelltest ein schönes Webstück her, das richtig gerade war. Auch die Muster waren schön. Mir hat es sehr gut gefallen. Du kannst jetzt schon gut weben, weiter so! Als nächstes könntest du aus deinem Webstück eine Tasche nähen.

Deine Silvia

Lerngeschichte „Weben“, getippt

Liebe Vanessa,

letzte Woche hast du an deiner Webarbeit weitergemacht und ich durfte dir dabei zusehen.

Du hast deinen Webrahmen aus dem Nebenraum geholt und auf einen Tisch gestellt. Das Webstück, das du einige Zeit zuvor begonnen hattest, war noch aufgespannt. Ich habe gesehen, wie du dir Wolle geholt und sie auf ein Schiffchen gewickelt hast. Das war bestimmt schwierig, denn die Wolle war ganz durcheinander. Du musstest die vielen Schlaufen und Schlingen erst auseinanderzupfen. Das hast du gemacht und dabei nur auf die Wolle gesehen. Hat es dich gar nicht abgelenkt, dass Lion und Faist direkt neben dir laut mit Autos gespielt haben?

Nachdem du mit dem Aufwickeln auf das Schiffchen fertig warst, hast du dich hingesetzt. Du hast das Webstück ein bisschen zurechtgezogen und mit dem Kamm die letzten Reihen nach oben geschoben. Du hast dabei sehr konzentriert ausgesehen. Jetzt hast du das Schiffchen durch die vielen Fäden geschoben – auf und ab und auf und ab – bis es auf der anderen Seite wieder herauskam. So hast du nun weitergearbeitet. Zwischendurch hast du mit dem Kamm die Reihen zurechtgeschoben.

Während du gearbeitet hast, kam Lina zu dir an den Tisch und hat sich angesehen, was du machst. Du hast kurz aufgesehen. Doch ich hatte den Eindruck, du warst so in deine Arbeit vertieft, dass du gar nicht mit ihr sprechen konntest. Lina ist dann wieder gegangen und du hast weitergewebt.

Ich bin schon gespannt, wie dein fertiges Webstück aussehen wird und wie es sich anfühlt. Du hast weiche Wolle ausgesucht und viele verschiedene Farben verwendet. Magst du gerne bunte Farben und Muster?

Vielleicht hast du Lust, noch einmal zu weben, oder magst du aus deinem Webstück etwas nähen? Ich helfe dir gerne dabei, wenn du möchtest.

Deine Silvia

19. April 2013

Lerngeschichte „Weben", Teil 1

Liebe Vanessa!

Letzte Woche hast du an deiner Webarbeit weiter gemacht und ich durfte dir dabei zusehen.
Du hast deinen Webrahmen aus dem Nebenraum geholt und auf den Tisch gestellt. Das Webstück, das du einige Zeit zuvor begonnen hattest, war noch aufgespannt. Ich habe gesehen, wie du dir Wolle geholt und sie auf ein Schiffchen gewickelt hast. Das war bestimmt schwierig, denn die Wolle war ganz durcheinander. Du musstest die vielen Schlaufen und Schlingen erst auseinander zupfen. Das hast du gemacht und dabei nur auf die Wolle gesehen. Hat es dich gar nicht abgelenkt, dass Lion und Faist direkt neben dir laut mit Autos gespielt haben?

Nachdem du mit dem Aufwickeln auf das Schiffchen fertig warst, hast du dich hingesetzt. Du hast das Webstück ein bisschen zurecht gezogen und mit dem Kamm die letzten Reihen nach oben geschoben. Du hast dabei sehr konzentriert ausgesehen.
Jetzt hast du das Schiffchen durch die vielen Fäden geschoben – auf und ab und auf und ab –

Lerngeschichte „Weben", Teil 2

bis es auf der anderen Seite wieder heraus kam. So hast du nun weiter gearbeitet. Zwischendurch hast du mit dem Kamm die Reihen zurecht geschoben.

Während du gearbeitet hast, kam Lina zu dir an den Tisch und hat sich angesehen, was du machst. Du hast kurz aufgesehen. Doch ich hatte den Eindruck, du warst so in deine Arbeit vertieft, dass du gar nicht mit ihr sprechen konntest. Lina ist dann wieder gegangen und du hast weitergewebt.

Ich bin schon gespannt, wie dein fertiges Webstück aussehen wird und wie es sich anfühlt. Du hast weiche Wolle ausgesucht und viele verschiedene Farben verwendet. Magst du gerne bunte Farben und Muster?

Vielleicht hast du Lust, noch einmal zu weben oder magst du aus deinem Webstück etwas nähen? Ich helfe dir gerne dabei, wenn du möchtest.

19. April 2013

Deine Silvia

Beobachtung Leslie, Teil 1

Name/Alter des Kindes: Leslie Müller/16 Mon.

Datum/Uhrzeit: 17.04.2013/10.15 Uhr

Beobachterin: Miriam Huber

Raum/Gruppe/Situation

Küche, nach dem Frühstück, Veronika Faller hat Küchendienst, Leslie hilft.

Handlungsverlauf

Leslie hält sich an Veronikas Bein fest. Veronika bewegt sich langsam. Leslie bleibt am Bein. Veronika nimmt Geschirr vom Wagen, spült es vor, dabei steht sie vor der Spüle. Leslie schaut nach oben zur Spüle. Sie streckt den Kopf weit nach hinten. Nach einiger Zeit löst sie sich von Veronikas Bein, tritt einen Schritt zu Seite, dann einen zurück. Schaut nach oben Richtung Spüle.

Veronika dreht sich um, sagt: „Ich räume jetzt das Geschirr in die Spülmaschine." Während sie sich runterbeugt, schaut ihr Leslie genau zu. Veronika deutet auf die Spülmaschinentür: „Ich muss die Tür von der Spülmaschine aufmachen. Magst du probieren, die Tür aufzumachen?" Leslie tritt näher an die Spüle. Sie fasst direkt zum Griff der Spüle, zieht dran. Die Finger rutschen ab. Leslie kippt nach hinten. Veronika kann sie aber abstützen.

Leslie schaut zu Veronika, dann zum Griff und fasst ihn wieder an, jetzt mit zwei Händen. Sie verharrt in der Bewegung (hat den Schalter gefunden) und schaut zu Veronika. Die sagt: „Fühlst du den Knopf? Da musst du draufdrücken." Leslie fummelt weiter am Griff. Sie zieht, drückt, die Türverriegelung geht nicht auf. Sie nimmt die Hände runter und schaut Veronika an. Die fragt: „Das geht schwer. Darf ich die Tür für dich öffnen?" Leslie schaut wieder zur Spülmaschine und beobachtet, wie Veronika die Tür entriegelt und öffnet. Sie weicht vorsichtig nach hinten zurück (hält sich an Veronikas Bein fest), als diese die Tür weiter herunterklappt.

Veronika nimmt einen Teller und stellt ihn in das untere Gitter der Maschine. Leslie schaut zu. Sie schaut weiter zu, als Veronika mehr einräumt. Dabei steht sie vor der Spülmaschine (Veronika links daneben). Leslie fasst Veronika am Bein an und schaut hoch. Sie streckt sich Richtung Spüle. Veronika: „Magst du einen Teller in die Spülmaschine stellen?" Leslie schaut weiter Richtung Spüle. Veronika gibt ihr einen Plastikteller. Leslie greift ihn mit einer Hand. Sie lässt das Bein von Veronika los und greift den Teller mit beiden Händen.

Beobachtung Leslie, Teil 2

Sie dreht sich zur Spülmaschine und geht einen Schritt vor, steht ganz nah an der offenen Spülmaschinentür. Sie lässt die linke Hand vom Teller los und hält sich am Spülmaschinengitter fest. Sie legt den Teller mit etwas Druck auf das Gitter, schaut es sich an. Greift den Teller erneut, schiebt, drückt, fädelt ... immer wieder. Stöhnt laut dabei... bis der Teller zwischen zwei Stege rutscht und ordentlich sortiert in der Spülmaschine steht. Leslie sieht hin. Sie dreht sich zur Spüle, sieht nach oben und macht „Äh", dabei streckt sie die Arme nach oben. Veronika bückt sich hinunter: „Wir sind schon fertig. Alle Teller sind in der Spülmaschine."

Leslie schaut, die Arme noch ausgestreckt, nach oben. Veronika sagt: „Ich zeig's dir." Sie hebt Leslie hoch, sodass sie die leere Spüle sehen kann. Sie stellt Leslie wieder auf den Boden und sagt: „Jetzt machen wir die Spülmaschinentür zu." Sie hebt die Tür etwas an und fordert Leslie auf, zu helfen. Leslie kommt näher, hält sich an Veronikas Bein fest und legt ihre Hand neben Veronikas auf die Türvorderseite. Zusammen drücken sie die Tür zu. Es klickt. Leslie schaut aufmerksam zu, wie Veronika die Spülmaschine einstellt. Veronika sagt: „Du kannst hier drücken, dann fängt die Maschine an, zu spülen. Sie deutet auf den Startknopf. Leslie hält sich noch an Veronikas Bein fest, sucht mit dem Finger den Knopf. Veronika hilft ein bisschen. Leslie drückt. Es rumpelt. Die Maschine läuft. Leslie schaut die Maschine an, bleibt einen kurzen Moment so stehen (hört zu?). Dann lässt sie Veronikas Bein los und geht zur Küchentür.

Übung 1

Formulieren Sie die Beobachtungsnotizen aus. Kürzen Sie dabei und formulieren sie ganze, zusammenhängende Sätze. Nutzen Sie als Anregung das Praxisbeispiel auf S. 32–34.

Übung 2

Werten Sie die Beobachtungen aus. Nutzen Sie hierfür die Lerndispositionen nach Margaret Carr und die Vorlage auf S. 73. Vergleichen Sie danach mit dem Lösungsvorschlag von S. 68–69.

Übung 3

Schreiben Sie eine Lerngeschichte für Leslie und vergleichen Sie diese mit der Lerngeschichte auf S. 70.

Auswertung nach Lerndispositionen: Leslie, Teil 1

Name des Kindes *Leslie Müller/16 Mon.* Datum *17.04.2013*

Beobachterin Miriam Huber in Absprache mit Veronika Schmidt

Zur Beobachtung vom 17.04.2013 um 10.15 Uhr

Interessiert sein

✔ Leslie will wissen, was Veronika macht.

✔ Leslie will die Spülmaschinentür öffnen.

✔ Sie will selbst Geschirr einräumen. (will helfen?)

✔ Leslie will die Spülmaschinentür schließen.

Engagiert sein

✔ Leslie beobachtet sehr konzentriert.

✔ Sie probiert mit Kraft, Ausdauer und Konzentration, die Tür zu öffnen.

✔ Sie deutet mit Stimme und Gestik an, dass sie Geschirr einräumen will (mitmachen will).

✔ Sie probiert so lange, bis der Teller im Gitter steht.

✔ Sie reagiert sofort auf die Ermunterung, zu helfen, die Spülmaschinentür zu schließen, und hilft aktiv dabei.

Standhalten

✔ Leslie gibt nicht auf, sie fällt fast um, als die Tür nicht aufgeht und ihre Finger abrutschen.

✔ Ihr gelingt es erst nach mehreren Versuchen, den Teller einzuräumen, doch sie hört nicht auf, zu versuchen, ihn einzuordnen, bis es ihr gelingt.

✔ Obwohl es für sie körperlich noch schwierig ist (sie steht und geht noch nicht sicher freihändig), benutzt sie beide Hände, um den Teller zur Spülmaschine zu tragen.

Auswertung nach Lerndispositionen: Leslie, Teil 2

Sich ausdrücken

✔ Leslie spricht noch nicht, sie zeigt wenig Mimik und wirkt stets konzentriert auf das Geschehen.

✔ Sie nimmt die Arme hoch, äußert ein „Äh".

✔ Sie drückt sich über ihren Körper aus.

Lerngemeinschaft

✔ Leslie hält sich fast die ganze Zeit an Veronikas Bein fest. Allerdings scheint dies vor allem wegen der fehlenden Standsicherheit zu sein, da sie einmal loslässt, um mit beiden Händen den Teller zu halten.

✔ Sie schaut Veronika ins Gesicht, wenn diese etwas sagt, und wartet ab.

✔ Sie reagiert auf Veronikas Tun, bindet sich ein, setzt sich durch (Arme ausstrecken, beharrlich), wenn sie mitmachen will.

Lernfelder/Bildungsbereiche

✔ Kommunikation, soziale Kontakte

✔ Feinmotorik, Koordination, Gleichgewicht halten

✔ Ausdauer, Konzentration, Geduld

Weitere Schritte/Impulse

Leslie soll noch öfter Gelegenheit haben, mit zum Küchendienst zu kommen, wenn sie möchte. Denn es ist offensichtlich, dass sie gerne mithilft und aktiv wird. Dabei achten wir darauf, Dinge und Handlungen deutlich zu benennen, um Leslies Wortschatz zu erweitern und sie zum Sprechen zu ermuntern.

Wir ermuntern sie auch im Geschehen durch Fragen und Aufforderungen, verbal zu reagieren.

Wir werden uns für Leslie Spiele und Aktivitäten überlegen, die ihr helfen, ihre Standsicherheit zu trainieren. Da ihre Hände schon sehr geschickt sind, bietet es sich an, kleine Ballspiele mit ihr zu spielen.

Übung: Lerngeschichte Leslie

© cromary – stock.adobe.com

Name des Kindes Leslie Müller

Autorin Miriam Huber

Datum 18.04.2013

Liebe Leslie,

gestern hast du Veronika beim Küchendienst geholfen. Ich habe dir dabei zugesehen. Das hat mir viel Freude gemacht.

Ich konnte sehen, wie du versucht hast, die Tür der Spülmaschine zu öffnen. Das war bestimmt schwierig. Deine Finger sind abgerutscht und du bist fast hingefallen. Aber du hast nicht aufgegeben und es weiter versucht. Mit Veronikas Hilfe ist die Tür dann aufgegangen.

Du hast auch selbst einen Teller in das Gitter der Spülmaschine gestellt. Du musstest lange daran arbeiten, bis der Teller genau neben den anderen Tellern stand.

Mit Veronika zusammen hast du die Tür der Spülmaschine wieder zugemacht. Und du hast den Knopf gedrückt. Es hat laut gerumpelt und die Maschine hat angefangen, das Geschirr zu spülen.

Hat dir das Helfen Spaß gemacht?

Wenn du magst, kannst du gerne morgen wieder mit in die Küche kommen und helfen.

Deine Miriam

Übung

Diese Lerngeschichte ist sehr vereinfacht und verkürzt, da das Kind sprachlich noch sehr am Anfang steht. Jedes weitere Wort wäre zu viel, da es weitere ausführliche Schritte noch nicht nachvollziehen kann. Können Sie die Geschichte noch mehr kürzen oder noch stärker vereinfachen?

Negatives Beispiel einer Lerngeschichte zur Diskussion

Liebe Emma,

seit einiger Zeit habe ich dich mehrfach beobachtet und mir aufgeschrieben, was du gemacht hast. Einmal war ich dabei, wie du deine Hände gewaschen hast. Ich glaube, du magst es gerne, wenn das Wasser über deine Hände läuft. Du findest es schön und kannst gar nicht mehr damit aufhören. Erst als Sabine kam und dich erinnert hat, zum Essen zu kommen, hast du deine Hände gewaschen und das Wasser abgedreht.

An einem Tag hast du lange im Flur gestanden und einigen Jungen zugesehen, die auf der Hängeschaukel gespielt haben. Du wolltest auch gerne mitspielen, aber hast dich nicht getraut. Du hast lange dagestanden. Als Marius von der Schaukel fiel, hast du ganz erschrocken ausgesehen. Als die Jungen alle zusammen weggegangen sind, bist du zur Schaukel hingegangen und hast versucht, raufzuklettern. Das war schwierig, denn die Schaukel hängt hoch. Du hast dich am Rand festgehalten und versucht, dich hochzuschwingen. Das ist dir aber nicht gelungen. Du hast es noch ein paar Mal versucht. Dann bist du ins Zimmer gegangen.

Ich glaube, du bist sehr neugierig und beobachtest genau, was andere Kinder machen und wie alles um dich herum sich bewegt und was passiert. Du lernst dabei bestimmt ganz viel und probierst es oft danach selbst aus.

Deine Marianne

Übung:

Diskutieren Sie im Team, was Sie anders formulieren würden. Nutzen Sie als Hilfe die Praxishilfen auf S. 57–58. Schreiben Sie eine neue Lerngeschichte für Emma.

Beobachtung

Name/Alter des Kindes ______________________________

Datum/Uhrzeit ______________________________

Beobachterin ______________________________

Raum/Gruppe/Situation

Handlungsverlauf

Auswertung der Beobachtung nach Lerndispositionen

Name des Kindes ______________________ Datum/Uhrzeit ______________________

Beobachterin ______________________ in Absprache mit ______________________

Zur Beobachtung vom ______________________ um ______________________

Interessiert sein

____

____

____

Engagiert sein

____

____

Standhalten

____

____

Sich ausdrücken

____

____

Lerngemeinschaft

____

____

Lernfelder/Bildungsbereiche

____

____

Weitere Schritte/Impulse

____

____

Name des Kindes: ______________________ Autorin ______________________ Datum __________

5. Zu Bildern schreiben – Kommentare in Portfolio und Bildungsbuch

Was muss ich beachten? –

Prinzipien und Aufbau

Ein Portfolioeintrag besteht im Allgemeinen aus einem Bericht über etwas Gelerntes, Erlebtes oder eine Entwicklung. Dieser Bericht kann schriftlich angefertigt sein oder aber aus Zeichnungen und/ oder Fotos bestehen. Um die Bilder zu erklären und somit die Sicht des Kindes möglichst real darzustellen, müssen Kommentare dazu verfasst werden. Diese Kommentare kommen zunächst vom Kind. Es erklärt sein Bild oder die Situation auf dem Foto. Auch die Erzieherin kann Kommentare abgeben, denn sie kann erklären, was sie wahrgenommen hat, als sie das Kind fotografierte.

Nur eines von vielen Bildern für das Portfolio.

Zu dem Bild unten könnte die Erzieherin zum Beispiel schreiben:

„Beim Sommerfest standst du zwischen den vielen Leuten. Auf einmal setzte sich ein großer Hund neben dich. Er schaute dich an. Du hast dich umgedreht und ganz ängstlich ausgesehen. Da habe ich die Besitzerin des Hundes gefragt, ob der Hund es mag, wenn man ihn streichelt. Sie hat gesagt, er mag Kinder ganz besonders gern. Da habe ich den Hund gestreichelt und dir gezeigt, dass das schön ist. Daraufhin hast du dich getraut und den Hund ganz vorsichtig gestreichelt. Es hat ihm bestimmt gefallen. Er ist aufgestanden und hat sich noch näher zu dir hingesetzt."

Heute habe ich zum ersten Mal einen großen Hund gestreichelt.

Die Erzieherin schildert hier sehr ausführlich, was vorgefallen ist. Sie könnte stattdessen auch nur einen kurzen Satz schreiben:

„Heute hast du dich getraut, einen Hund zu streicheln."

Nachdem die Erzieherin das Bild gemeinsam mit dem Kind betrachtet hat, äußert das Kind, wie es selbst die Situation wahrgenommen hat. Die Wahrnehmung der beiden ist zwar recht ähnlich, aber das Kind betont, dass es zum ersten Mal einen großen Hund gestreichelt hat. Also schreibt die Erzieherin das unter das Bild.

Abläufe können sehr gut durch Fotos und dazu gehörende kurze Kommentare dokumentiert werden. Mindestens zwei Bilder, die ein Vorher – Nachher zeigen, erläutern schon das Geschehen. Der Kommentar des Kindes und/oder der Erzieherin oder der Eltern verhindert eine falsche Interpretation der Bilder.

„Beim Sommerfest stand plötzlich ein großer Hund vor mir. Ich hatte Angst. Ich wusste nicht, ob er mich vielleicht beißt. Sabine hat mit dem Hund gesprochen. Sie hat die Frau, die den Hund an der Leine hielt, gefragt, ob sie ihn streicheln darf. Dann hat sie ihn gestreichelt. Jetzt hab ich mich auch getraut und den Hund gestreichelt. Er hatte ein weiches Fell. Aber er hat komisch gerochen."

Eine Folge von Bildern mit wenigen kurzen Kommentaren versehen, wirkt wie eine Bildergeschichte (**Kopiervorlage**, S. 84). Kinder lieben solche Seiten, denn so können sie auch ohne Erwachsene „lesen", was sie erlebt haben.

Kurz und bündig –

Die richtigen Worte finden

Wenn Kinder ihre Bilder selbst kommentieren sollen, müssen Sie sich auf ein Gespräch einlassen, um zu erfahren, was das Kind aussagen will. Dafür benötigen Sie Zeit, Ruhe und eine innere positive Einstellung zu diesem gemeinsamen Moment.

Hilfreich ist es, das Kind bereits beim Zeichnen oder Malen und beim Basteln zu beobachten, um den Prozess der Beschäftigung mitzuerleben. So können Sie konkrete Fragen zum Arbeitsprozess stellen und haben so gleich ein paar Ideen parat, um ein Gespräch anzuregen.

Suchen Sie mit dem Kind das Bild oder das Foto heraus, das ins Portfolio eingeklebt werden soll. Haben Sie eine Fotoserie geknipst, die einen Lern- oder Entwicklungsprozess zeigt, eignen sich diese Bilder besonders gut für das Portfolio. Auch mehrere Zeichnungen des Kindes, in verschiedenen Stadien des Ausprobierens, sind interessant, weil sie einen Verlauf, eine Weiterentwicklung, zeigen.

Unterhalten Sie sich mit dem Kind über das, was es gemacht hat, als das Foto oder das Bild entstand. Erinnert sich das Kind nicht mehr, helfen Sie ihm mit ein paar Hinweisen. Ideal ist es, wenn Sie das Gespräch möglichst gleich am nächsten Tag durchführen, damit das Kind sich noch gut an das Geschehen erinnern kann.

Folgende Fragen könnten Sie stellen, um ins Gespräch zu kommen:

- ✔ Was hast du gemacht?
- ✔ Wie hast du es gemacht?
- ✔ Was hast du dafür benutzt oder gebraucht?
- ✔ Mit wem hast du es gemacht?
- ✔ Wie hat es sich angefühlt, das zu tun?
- ✔ Hast du es gern gemacht?
- ✔ Woher wusstest du, dass du fertig warst?
- ✔ Warst du zufrieden mit deiner Leistung?
- ✔ Möchtest du es noch mal machen?
- ✔ Was würdest du anders machen?

Der Kommentar unter dem Bild kann nur ein kurzer Satz sein. Haben Sie genug Platz und es gibt mehr zu erzählen, achten Sie darauf, dass die Sätze treffend sind. Hier gelten dieselben Regeln wie beim Schreiben der Lerngeschichten.

Formulieren Sie kindgerecht! Mit steigendem Alter des Kindes dürfen die Sätze länger und komplexer werden.

Auf einen Blick

- Regen Sie ein Gespräch mit dem Kind über die in Bildform festgehaltene Erfahrung an. Warten Sie damit nicht zu lange.
- Wählen Sie treffende Sätze und formulieren Sie kindgerecht.

Auch von den Kindern selbst gemalte Bilder eignen sich hervorragend für das Portfolio.

Selbst gemalte Bilder lassen viel Raum für Interpretationen. Diese sind selbstverständlich zu vermeiden. Kinder sollten selbst erzählen, was sie darstellen wollten. Oft haben sie gar keine bestimmten Ideen verfolgt, sondern einfach gemalt, um des Malens willen.

Mit einer Interpretation können Sie sehr falsch liegen und damit das Bild des Kindes in seinem Portfolio verfälschen. Häufig werden beispielsweise Farben mit seelischen Befindlichkeiten der Kinder verbunden. Schwarz gilt als düster und wird oft als Zeichen von Gewalt und Angst gedeutet. Malt ein Kind mit schwarzer Kreide über sein buntes Familienbild, könnte demnach interpretiert werden: *„Das Kind verbindet mit seiner Familie Angst, Schrecken und Leid."* Das Kind selbst aber hat vielleicht nur mit der schwarzen Kreide darüber gemalt, weil es auf dem Bild Nacht ist.

Ein Kommentar der Erzieherin könnte eher den Prozess des Malens beschreiben: *„Katja saß alleine am Maltisch und war ganz in ihre Tätigkeit vertieft."*

Erinnern Sie sich auch diesmal an die Regeln für besseres Schreiben und das Schreiben für Kinder im Besonderen:

- ✔ Vermeiden Sie Verschachtelungen.
- ✔ Fassen Sie sich kurz und formulieren Sie klar.
- ✔ Schreiben Sie ganze Sätze.
- ✔ Verwenden Sie Satzzeichen.
- ✔ Sagen Sie etwas aus! Leere Phrasen oder Kommentare, die nur das beschreiben, was auf dem Bild sowieso zu erkennen ist, sind überflüssig.

Tipp

*Bearbeiten Sie gemeinsam im Team die Übung der **Kopiervorlage** auf S. 85 um selbst zu sehen, wie unterschiedlich Interpretationen sein können.*

Beispiele:

Greta beim Ballspielen.

- ✔ *Du hast heute eine halbe Stunde mit dem Ball gespielt. Du hast so viel geübt, dass du jetzt schon sicher den Ball hochwerfen und wieder auffangen kannst.*

Unterwasserbild

- ✔ *Hier hast du gemalt, wie es unter Wasser aussehen könnte. Weil die Sonne nicht bis tief ins Meer scheinen kann, ist das Bild recht dunkel. Hinten links sieht man einen goldenen Fisch vorbeischwimmen.*

Kommentare zu gemalten Bildern können ähnlich einer Bildbeschreibung erklären, was auf dem Bild dargestellt ist. Allerdings ist die Voraussetzung dafür, dass das Kind dies auch erzählt hat.

Achten Sie genau wie beim Schreiben von Lerngeschichten auf Ihre innere Haltung und damit auf Ihre Ausdrucksweise. Ein kleiner Kommentar kann wertschätzend formuliert sein, aber in ein paar Worten können auch wertende, im schlimmsten Falle abwertende Botschaften stecken:

- ✔ *Hier malst du an deinem Unterwasserbild. Du nimmst das sehr ernst und so ist es nicht verwunderlich, dass um dich herum auch schon alles unter Wasser ist.*

Die Erzieherin meinte es sicher nicht böse. Vermutlich wollte sie sogar einen Scherz machen. Doch für das Kind klingt ein negativer Unterton mit, wenn es vorgelesen bekommt, was die Erzieherin geschrieben hat. Ironie verstehen Kinder frühestens im Grundschulalter. Drücken Sie lieber klar aus, was Sie sehen und welche Empfindungen Sie dabei haben.

- ✔ *Hier malst du mit Wasserfarben. Du malst ein Unterwasserbild. Das Wasser malst du dunkel, weil wenig Sonnenlicht bis ins tiefe Meer kommt. Beim Wassermalen hast du auch viel Wasser benutzt und bald lief auch um das Bild herum Wasser den Maltisch entlang. So war das Unterwasserbild wirklich unter Wasser. Du hast schnell einen Lappen geholt und das Wasser vom Tisch gewischt.*

Auch wenn mal was danebengeht: Die Erfahrung zählt.

Tipp

Fotografieren Sie so oft wie möglich Kinder bei dem, was sie tun, sodass jeweils eine Bildserie entsteht.

Suchen Sie die wichtigsten und deutlichsten Bilder heraus und stellen Sie sie zusammen.

Drucken Sie sie einzeln aus und kleben Sie sie auf oder legen Sie an Ihrem PC ein Dokument an.

Ab S. 86 finden Sie Kopiervorlagen, die Sie als Vordrucke für Bildserien nehmen können.

Eine schöne Ergänzung –

Was Eltern über das Kommentieren wissen sollten

Lieber Nils!

Am Wochenende haben wir Oma und Opa besucht. Du hast ganz viel draußen gespielt. Abends haben wir zusammen eine Laterne gebastelt. Du hast dir Muster ausgedacht und sie mit einem scharfen Messer aus dem Papier ausgeschnitten. Am Sonntag hast du einen kräftigen Stock gesucht. Damit kannst du die Laterne beim Laternenfest tragen. Ich fand unser Wochenende sehr schön!

Deine Mami 7.11.2012

Eine besondere Bereicherung ist es, wenn Eltern sich die Mühe machen, Ihrem Kind einen Eintrag ins Portfolio zu schreiben.

Das Schreiben von Lerngeschichten setzt eine gewisse Einarbeitung und Erfahrung voraus, die Sie den Eltern in einem „Lerngeschichten-Kurs" mitgeben können. Kommentare aber können Eltern auch ungeübt schreiben. Sie sollten jedoch einige Punkte beachten, um sich wertschätzend auszudrücken.

Laden Sie die Eltern deshalb zu einer **Informationsveranstaltung** über die Arbeit mit Portfolios ein. Zeigen Sie ihnen an Beispielen, wie das Kommentieren von Bildern und Fotos funktioniert und worauf die Autoren achten sollten.

Um die Info-Veranstaltung locker zu beginnen, können Sie mit den Eltern ein Schreibspiel spielen (z. B. **Kopiervorlage**, S. 26). So verlieren die Eltern die Scheu vor dem Schreiben und bekommen Lust darauf, selbst etwas zu formulieren.

Üben Sie gemeinsam das Formulieren von Kommentaren zu Bildern und Fotos von Kindern. Ideal ist es, wenn Sie einige Bilder und Fotos vorbereiten und mit einem Beamer, Tageslichtprojektor oder Diaprojektor „an die Wand werfen". So haben alle einen guten Blick auf das Bild und können sich gleichzeitig Gedanken machen.

Geben Sie den Eltern als Hilfe für zu Hause eine Übersicht mit den wichtigsten Schreibtipps mit (**Kopiervorlage**, S. 92)

Übung: Bildkommentar

Sehen Sie sich mit Ihren Kolleginnen das folgende Bild genau an.

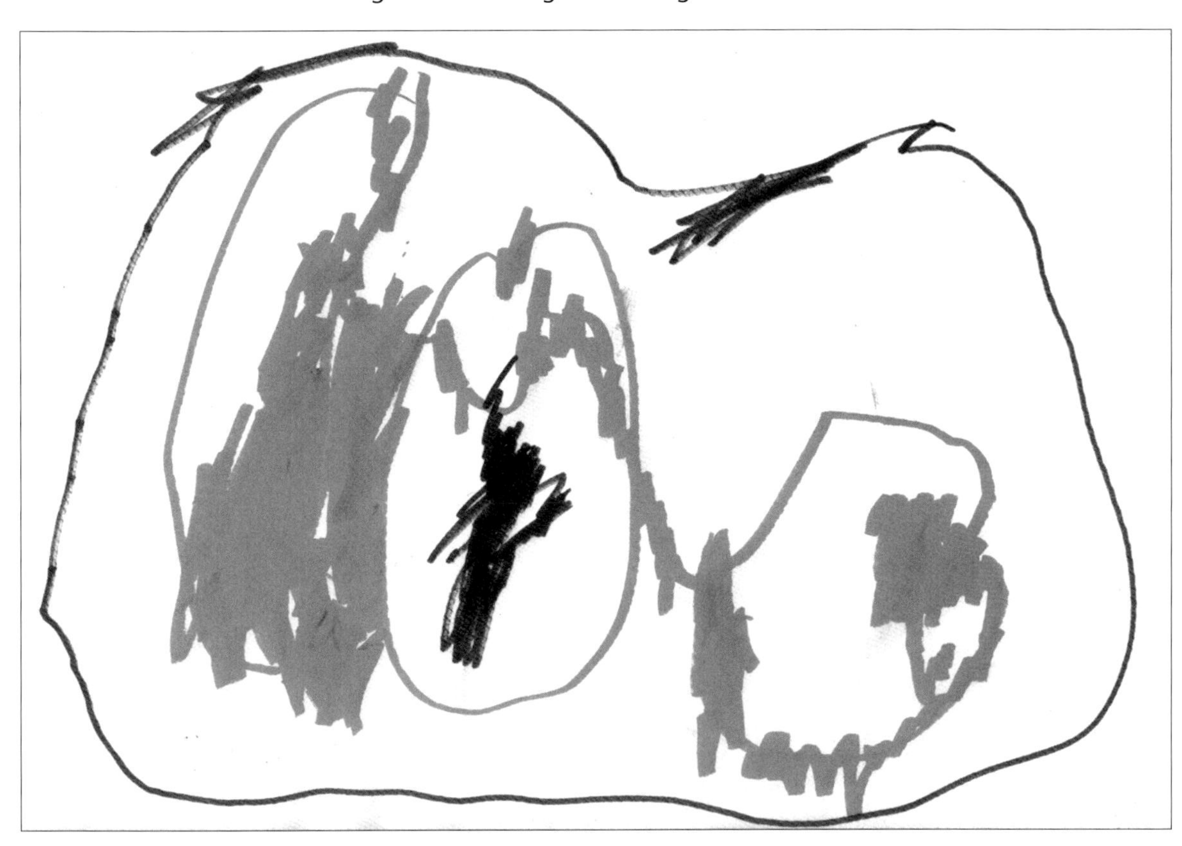

Übung 1:

Beantworten Sie folgende Fragen:

Was sehen Sie?

Was hat das Kind Ihrer Meinung nach gemalt bzw. gezeichnet?

Warum hat es genau dieses Motiv gewählt?

Warum hat es genau diese Farben gewählt?

Warum wählt es diese Formen und diese Strichführung?

Was will es mit dem Bild aussagen?

Übung 2:

Vergleichen Sie Ihre Antworten mit denen Ihrer Kolleginnen. Erkennen Sie, wie unterschiedlich Ihre Interpretationen sind?

Übung 3:

Versuchen Sie, das Bild noch einmal mit anderen Augen zu betrachten. Überlegen Sie gemeinsam, welche Fragen Sie dem Kind stellen könnten, um das Bild angemessen kommentieren zu können. Achten Sie darauf, dass die Fragen nicht werten. Es geht darum, herauszufinden, was das Kind zu dem Bild zu sagen hat. Vielleicht hat es gar nichts dazu zu sagen. Das wäre auch in Ordnung.

Beispiel: Fotos kommentieren

Name des Kindes *Marta* unter Mithilfe von *Silvia* am *19.05.2014*

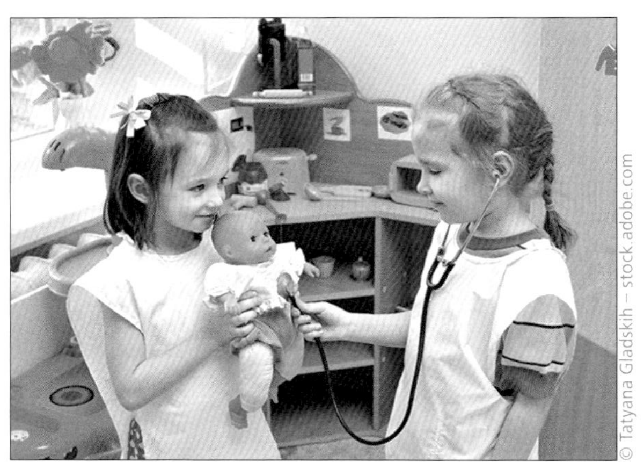

© Tatyana Gladskih – stock.adobe.com

Heute hast du mit Klara Doktor gespielt. Klara hat ihre Puppe zu dir gebracht, weil sie krank war. Du hast ihre Herztöne mit dem Stethoskop abgehört.

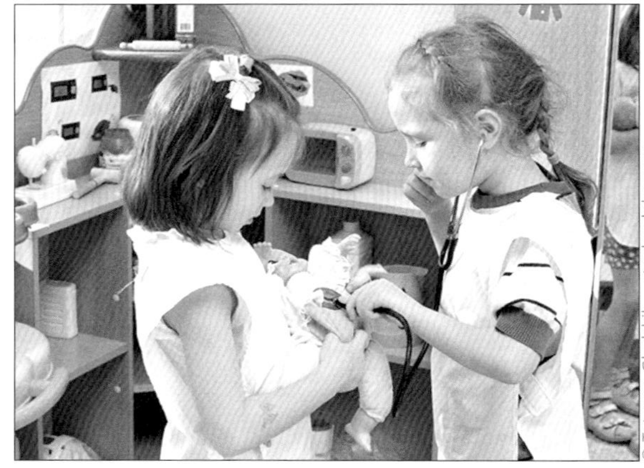

© Tatyana Gladskih – stock.adobe.com

Klara hat sich Sorgen um ihre Puppe gemacht. Du hast sie beruhigt und ihre Puppe ganz genau untersucht.

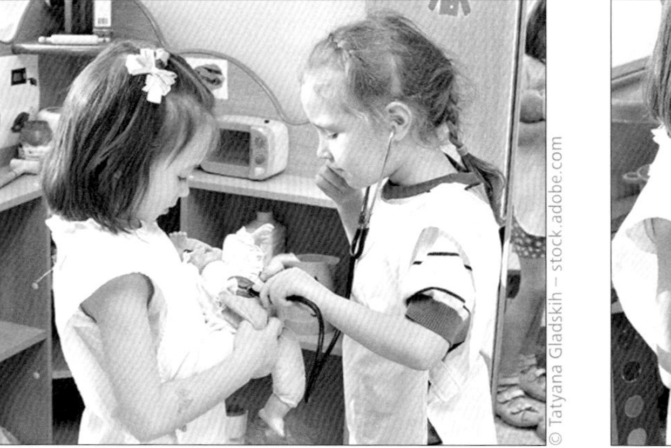

© Tatyana Gladskih – stock.adobe.com

Du hast Klara gebeten, ihre Puppe auf den Tisch zu legen. Da hast du genau beobachtet, ob die Puppe sich hinsetzen kann und ob ihre Arme und Beine beweglich sind.

Übung: Fotos kommentieren

Name des Kindes ______________ unter Mithilfe von ______________ am ______________

© Irina Schmidt – stock.adobe.com

© Irina Schmidt – stock.adobe.com

© Irina Schmidt – stock.adobe.com

Bildergeschichte 1

Name des Kindes ______________ unter Mithilfe von ______________ am ________

Bildergeschichte 2

Name des Kindes ______________ unter Mithilfe von ______________ am ______________

Das habe ich gezeichnet

Name des Kindes ______________ unter Mithilfe von ______________ am ________

Kleben Sie ein vom Kind gemaltes Bild ein

Ich habe mit Wasserfarben gemalt

Name des Kindes ______________ unter Mithilfe von ______________ am ________

Kleben Sie ein vom Kind gemaltes Bild ein

Das habe ich heute gelernt

Name des Kindes ______________________ unter Mithilfe von ______________________ am __________

Kleben Sie ein Foto des Kindes ein.

Das kann ich jetzt

Name des Kindes ______________________ unter Mithilfe von ______________________ am __________

Kleben Sie ein Foto des Kindes ein.

____

____

____

____

____

____

____

____

____

____

____

____

Ich schreib dir was!

Mit einem Eintrag ins Portfolio machen Sie Ihrem Kind eine große Freude. Es fühlt sich von Ihnen wahrgenommen und beachtet. Wichtig ist jedoch, dass Sie versuchen, wertfrei zu formulieren, und dem Kind tatsächlich die Achtung schenken, die es verdient. Zeigen Sie dem Kind mit Ihrem Kommentar, dass Sie es so annehmen und wertschätzen, wie es ist.

Kommen Sie mit dem Kind ins Gespräch! Erfahren Sie, was das Kind über das Bild bzw. Foto erzählen kann, und beachten Sie das, wenn Sie einen Kommentar schreiben. Stellen Sie z. B. folgende Fragen, um von Ihrem Kind etwas über das Bild zu erfahren.

- ✔ Was hast du gemacht?
- ✔ Wie hast du es gemacht?
- ✔ Was hast du dafür benutzt oder gebraucht?
- ✔ Mit wem hast du es gemacht?
- ✔ Wie hat es sich angefühlt, das zu tun?
- ✔ Hast du es gern gemacht?
- ✔ Woher wusstest du, dass du fertig warst?
- ✔ Warst du zufrieden mit deiner Leistung?
- ✔ Möchtest du es noch mal machen?
- ✔ Was würdest du anders machen?

Wollen Sie einen Kommentar aus Ihrer eigenen Sicht schreiben, um Ihre Gefühle und Eindrücke zu vermitteln, achten Sie darauf, wirklich aus Ihrer Sicht zu formulieren. Schreiben Sie in der „Ich-Form" und denken Sie daran, **„Ich-Botschaften"** zu formulieren:

- ✔ Ich fühle …
- ✔ Ich denke …
- ✔ Ich spüre …
- ✔ Ich habe gesehen …

Grundsätzlich gilt:

- ✔ Vermeiden Sie Verschachtelungen.
- ✔ Fassen Sie sich kurz und formulieren Sie klar.
- ✔ Schreiben Sie ganze Sätze.
- ✔ Verwenden Sie Satzzeichen.
- ✔ Sagen Sie etwas aus! Leere Phrasen oder Kommentare, die nur das beschreiben, was auf dem Bild sowieso zu erkennen ist, sind überflüssig.

Literaturverzeichnis

Bertelsmann Stiftung (Hrsg.):
Frühe Bildung beobachten und dokumentieren.
Leitfaden zur Einführung der Bildungs- und Lerngeschichten in Kindertageseinrichtungen.
Verlag Bertelsmann Stiftung, Gütersloh, 2008.
ISBN 978-3-89204-938-8

Dennig, Thomas:
Schritt für Schritt zur eigenen Beobachtung und Dokumentation.
Praxisbeispiele, Entscheidungshilfen, Anregungen und Musterbögen.
Bildungsverlag EINS, Troisdorf, 2007.
ISBN 978-3-427-50097-1

Duden 01. Die deutsche Rechtschreibung.
Das umfassende Standardwerk auf der Grundlage der neuen amtlichen Regeln: Band 1.
Mannheim, 2006, 24. Auflage.
ISBN 978-3-411-04015-5

Flämig, Katja; Musketa, Benjamin; Leu, Hans Rudolf:
Bildungs- und Lerngeschichten – Entwicklungstheoretische Hintergründe.
Verlag das Netz, Weimar, Berlin, 2009.
ISBN 978-3-86892-019-2

Flämig, Katja; Leu, Hans Rudolf; Frankenstein, Yvonne; Koch, Sandra; Pack, Irene; Schneider, Kornelia; Schweiger, Martina:
Bildungs- und Lerngeschichten.
Bildungsprozesse in früher Kindheit beobachten, dokumentieren und unterstützen.
Verlag das Netz, Weimar, Berlin, 2007.
ISBN 978-3-937785-67-7

Gewerkschaft Erziehung und Wissenschaft (GEW) (Hrsg.):
Das Bildungsbuch.
Dokumentieren im Dialog.
Verlag das Netz, Weimar, Berlin, 2008.
ISBN 978-3-86892-002-4

Held, Nina:
Spielanlässe zur Erstellung von Bildungsdokumentationen.
Spielerische Angebote für gezieltes Beobachten und Dokumentieren in der Kita.
Ökotopia, Münster, 2011.
ISBN 978-3-86702-114-2

Jacobs, Dorothee:
Kreative Dokumentationen.
Dokumentationsmethoden für Kindertages-einrichtungen.
Cornelsen Scriptor, Berlin, Düsseldorf, Mannheim, 2007.
ISBN 978-3-589-25418-7

Wagner, Yvonne:
Der Weg zum Kita-Portfolio.
Dokumentationen im Team entwickeln.
Schubi, 2010.
ISBN 978-3-86723-921-9

Wagner, Yvonne:
Portfolios in der Krippe.
Entwicklungen dokumentieren mit Kindern unter drei Jahren.
Schubi, 2013.
ISBN 978-3-86723-908-0

Link

http://www.duden.de/woerterbuch

Anmerkung der Autorin
In diesem Buch habe ich durchgängig die weibliche Form gewählt, wenn es um das Kita-Team ging. Obwohl inzwischen immer mehr junge Männer den Beruf des Erziehers wählen, ist die überwältigende Mehrheit der Beschäftigten in Kindergärten, Kitas und Horteinrichtungen dennoch weiblich. Es erschien mir deshalb sinnvoll, nur die weibliche Form zu benutzen.

Notizen